Si je ne me trompe, ce Guerrier que
tu couronnes est Agathoclès.

199

AGATHOCLÈS,

OU

LETTRES ÉCRITES

DE ROME ET DE GRÈCE,

Traduction libre de Madame Pichler,

PAR MADAME LA BARONNE

ISABELLE DE MONTOLIEU;

NOUVELLE ÉDITION,

REVUE, CORRIGÉE ET ORNÉE DE FIGURES.

TOME PREMIER.

PARIS,

ARTHUS BERTRAND, LIBRAIRE,

Rue Hautefeuille, n° 23,

ÉDITEUR DU VOYAGE AUTOUR DU MONDE PAR LE CAPITAINE DUPERREY.

1826.

A. PIHAN DELAFOREST,

Imprimeur de M. le Dauphin et de la Cour de Cassation,
rue des Noyers, n° 37.

AGATHOCLES,

OU

LETTRES

ÉCRITES

DE ROME ET DE GRÈCE.

LETTRE PREMIÈRE.

CALPURNIE PISONA A SULPICIE ANICIA.

Rome, décembre 300.

RIEN n'a donc pu te retenir, ma chère Sulpicie! Tu as persisté dans ta bizarre idée de quitter Rome dans le moment le plus brillant, pour aller t'enterrer, pendant cette saison orageuse et nébuleuse, dans ta solitaire villa de Baies, située au bord de la mer. Comment est-il possible de renoncer aux fêtes et aux réjouissances des Saturnales pour vivre dans la retraite, absolument seule?... Seule, Sulpicie! Ah! plût aux dieux que tu fusses seule! Laisse ignorer à tes ennemis, et même aux indifférens, ce qui

I.   1 t'attire au milieu de l'hiver dans cette solitude, et les charmes qui l'embellissent à tes yeux; mais que tu m'en fasses un mystère, à moi si bien accoutumée à lire dans ton cœur, à connaître chacune de tes pensées, voilà ce que je ne puis te pardonner. Crois-tu donc que j'ignore qu'avec un seul mot je pourrais te dire tout ce qui remplit ce cœur trop sensible, et l'histoire de ta vie, et le secret de ta retraite, et que si tu lis ma lettre en présence de celui qui si souvent est avec toi, une vive rougeur te fera paraître plus belle encore? Mais comme ce serait te rendre un dangereux service, je m'y refuse en ce moment. Qu'il te suffise de savoir que je suis au fait, que le mystère est inutile. En vérité, tu es plus rusée que je ne le croyais, et l'amour est un grand maître. Sous le prétexte des soins que ta campagne exige, tu obtiens de ton époux, non-seulement la permission de t'y rendre, mais encore des remercîmens; et pendant qu'il est à Rome, ne pouvant se lasser de vanter sa femme, elle s'est procuré le moyen de voir tout à son aise le bien-aimé de son cœur, sans craindre les importuns.

Sulpicie, je ne veux plus plaisanter; cette affaire est trop sérieuse pour en parler sur un ton aussi léger. Comment n'as-tu pas pensé à quel point tu t'exposais? Comment as-tu fermé les yeux sur les suites de cette inconcevable imprudence? Tiridate, le voilà ce mot magique! Tiridate est beau, aimable, vaillant; son illustre naissance et les malheurs de sa famille augmentent l'intérêt qu'il inspire, et je conçois facilement combien il peut être dangereux pour une femme sensible qui le compare sans cesse à un homme qui ne lui ressemble guère; je comprends donc fort bien que tu l'aimes et qu'il t'adore; rien de plus naturel. Mais ce que je ne puis comprendre, c'est que, dans ta position, tu risques ainsi le tout pour le tout. Qu'est-ce qui t'empêchait de voir tous les jours le prince d'Arménie dans ta maison? Ton mari s'honore de donner le nom d'ami au favori du César Galérius; il s'en vante même, pour persuader que lui et ses amis ont le pouvoir de soutenir les projets du prince auprès des cours de Milan et de Nicomédie; et lorsque Tiridate montera sur le trône de ses ancêtres, tu verras que ton époux fera sentir que, sans son crédit, rien de tout cela ne serait arrivé. Quelle raison t'a engagée à fuir? à te rendre actuellement à Baies, où ta liaison avec Tiridate doit être plus remarquée encore qu'à Rome même? Tu sacrifies ton repos domestique et ta réputation. Si ton époux jaloux, semblable à tous les hommes vains, apprend ce qui se passe dans sa villa (et cela est probable, puisque tes serviteurs en sont témoins)! n'en sera-t-il pas furieux? Ne sais-tu pas qu'il en parlera de manière à te rendre la risée de la ville entière? Tu perdras infailliblement ton pouvoir sur lui, seule base de ta tranquillité, et ton retour près de l'homme que tu outrages ne te sera plus supportable. Tu penses peut-être à t'en séparer? Rien n'est plus facile à Rome; mais ton père y consentira-t-il, lui qui est si orgueilleux de son alliance avec la famille des Anicius? Alors quelle perspective, quel avenir s'offrent à toi.

Il est vrai que tu ne peux voir Tiridate à Rome, ni aussi souvent ni aussi librement que ton cœur le désire. Ton époux, ses amis, ta famille sont souvent présens; mais c'est aussi la seule gêne que tu aies à redouter. Cette contrainte, n'en doute pas, Sulpicie, anime l'amour et le rend bien plus durable, elle ajoute mille charmes aux courts instans de liberté.

Tu me taxes de légèreté, tu me nommes *Epicurienne*; moi je te dis que tu ne connais point la sagesse de ce système, ou bien tu fermes volontairement les yeux à la lumière. Une sage proportion de médiocrité dans les jouissances, de force pour renoncer à ce que nous aimons le plus, lorsque la raison l'exige, voilà ce qu'on apprend à l'école d'Epicure, qui n'est pas à beaucoup près aussi frivole que tu l'imagines : à ta place je ne serais point allée à Baies, je me serais refusé les plaisirs qui m'y attendaient, et cela par politique ; j'aurais préféré ne voir mon amant que plus rarement et avec moins de liberté, pour le voir toujours : entends bien que je ne parle pas du grand avantage d'un amour toujours neuf, toujours animé par les obstacles, le désir de les surmonter et le charme du mystère.

Tu vois, ma chère Sulpicie, que je suis plus sage, plus prudente que tu ne le crois, et que cette légèreté dans l'esprit, cette froideur dans le cœur, que tu me reproches à chaque instant, ne sont que l'effet de mes principes ; je te dirai même que je suis tout-à-fait stoïcienne. Tu rejettes à présent ces règles austères; pour moi je reconnais toute la vérité de cette maxime, qu'il faut se roidir contre le malheur et se procurer toutes les jouissances possibles, lorsque le sort cherche à nous les ôter, pourvu toutefois que notre tranquillité n'en soit pas troublée, et que nos efforts pour atteindre le bonheur ne nous rendent pas plus malheureuses encore; c'est là ce que je crains pour toi. Quant à moi, si j'aime une fois, ce qui n'est point impossible, je ne suivrai pas l'exemple que tu me donnes, et, pour conserver mon amant, je sacrifierai même le plaisir de le voir.

Mais à quoi servent toutes mes représentations? Que pourrait l'éloquence même de Cicéron contre la force des passions, dont je vois avec chagrin l'effet sur ma trop sensible amie. Ainsi, sans espérer que ma lettre puisse te convaincre, je me contente d'avoir rempli les devoirs de l'amitié en te donnant un avis salutaire, en t'assurant en même temps que quelle que soit la suite des évènemens, mon attachement pour toi sera toujours le même; que je trouverai mon orgueil à ne jamais t'abandonner si tout allait mal, ce dont les Dieux veuillent nous préserver, et que toutes mes forces ne tendront qu'à écarter de toi le malheur, ou à tout partager avec ma Sulpicie. Adieu.

LETTRE II.

SULPICIE A CALPURNIE.

Baies, décembre 3oo.

Tu n'aimes pas, Calpurnie, tu n'aimeras jamais. Ce peu de mots renferment le sens de ta lettre, et en même temps la réponse à ce que ton amitié prudente et sage me représente : je t'assure de ma tendre reconnaissance. Ne crois pas, mon amie, que je méconnaisse la vérité de tes principes, ou que je doute de ton zèle, de ton enthousiasme pour tout ce qui est beau. Tu as raison, tu me l'as prouvé d'une manière irrésistible ; mais, quoique j'aie des idées opposées aux tiennes, je n'ai pas tout-à-fait tort pour cela. Nous voyons, chacune de nous, les circonstances de notre vie sous un point de vue différent : nous agissons d'après nos caractères ; enfin nous faisons, l'une et l'autre, non ce que nous voulons, mais ce que nous ne pouvons nous refuser. Abandonnons, ma chère Calpurnie, la vanité d'agir d'après des principes et un système dont nous ne saurions nous glorifier, puisque c'est la nature qui nous l'inspire. Nous ne sommes rien que ce que les circonstances font de nous. Tu es douée de légèreté, de beaucoup d'esprit, d'une si heureuse proportion entre tes forces morales et physiques, que l'équilibre entre elles ne peut être que rarement troublé et facilement rétabli. En outre le sort t'a fait naître au sein d'une famille riche, puissante. Les Pisons n'ont besoin d'aucun secours étranger. Ton père n'a que deux fils, l'orgueil, les soutiens de sa vieillesse, et toi, l'image vivante de son épouse : il voit en toi sa chère Sempronia ; il t'aime comme son enfant et sa compagne ; jamais il ne te forcera à un mariage que ton cœur réprouve, et quoiqu'il désire que tu lui donnes un troisième fils, il ne cherche point à te le persuader. La nature, le bonheur t'ont donc créée disciple d'Epicure : oui, tu es née écolière de ce sage, et non celle du triste Zénon. Pour moi, je suis sous l'influence d'une mauvaise étoile : les malheurs, la chute de ma famille, les chagrins de ma mère bien-aimée qui supporta avec résignation les maux qui l'accablèrent dans son intérieur, et le despotisme avec lequel mon père gouvernait sa maison, d'après les anciens usages de Rome, furent l'école à laquelle on m'instruisit. Je croyais trouver dans les principes de Zénon la force nécessaire pour supporter mon sort ; mon orgueil tenait à l'idée de donner aux Dieux le spectacle de la force avec laquelle je surmontais le malheur ; je suivis la volonté de mon père sans trop de répugnance, lorsque, sans me consulter, et seulement par considération pour ses autres enfans, il promit ma main au fils d'Anicius : Serranus Anicius devint mon époux ; à peine lui avais-je parlé trois fois auparavant, et toujours en présence de ma famille. Si j'étais sans attachement pour lui, j'a-

vais au moins la volonté et le désir bien prononcé de remplir tous mes devoirs : les femmes
de l'antiquité, douées des vertus de l'ancienne Rome, me servaient de modèles ; je cherchais à leur ressembler ; comme elles je vivais
dans mon gynécée, entourée de mes esclaves,
travaillant avec elles. Je puis assurer avec vérité
que, pendant les trois premières années de mon
mariage, nous n'étions vêtus que de l'ouvrage
de mes mains, ou du moins de ce qui était fabri-
qué sous ma surveillance. La joie de mon père,
l'estime sans bornes de mon époux furent la récompense de mes efforts : sa vanité, la seule passion qui le dominait, se trouvait flattée par la
certitude de posséder pour femme une vraie
Romaine, qui se distinguait éminemment de ses
contemporaines. J'étais contente, mais bien éloignée d'être heureuse.

C'est à cette époque que Tiridate vint dans
notre maison. Laisse-moi passer sous silence
l'effet que produisirent sur moi sa figure et son
sort : d'ailleurs tu le sais déjà, puisque tu étais la
plupart du temps présente ; mais ce que je ne puis
te taire, c'est que depuis ce moment j'éprouvai
un changement général dans tout mon être.
Qu'il me soit permis de me servir d'une comparaison qui explique parfaitement mes sensations :

j'éprouvai le même sentiment que lorsqu'on sort des ténèbres au moment où les portes de l'Aurore s'ouvrent et remplissent de lumière, de chaleur tout ce qui n'était que froid et obscur auparavant. En moi brûlait une flamme vive et pure ; je savais ce que je voulais, ce qui m'avait manqué depuis si long-temps, et ce que j'étais pour ce monde. Cette passion m'a dessillé les yeux sur ma triste existence. Qui pourrait m'empêcher actuellement de croire aux opinions du divin Platon et d'être persuadée que j'ai rencontré la seconde moitié de moi-même ? Qu'importe que Tiridate soit né sur les bords du fleuve Araxe et moi à Rome ! Nos ames se sont connues, aimées avant de se rencontrer sur cette terre ; elles se sont retrouvées ; la mort seule peut les séparer. Dans cette persuasion intime que rien ne saurait affaiblir, j'ai livré mon ame entière au sentiment qui la domine ; rien ne peut m'engager à devenir, ou plus circonspecte, ou plus froide : loin de moi la dissimulation et le mystère... Tiridate ou la mort. Sans lui, pour moi ni bonheur, ni vie, ni vertu. Que le monde dise ce qu'il voudra ; que des soupçons ou la trahison fassent découvrir mon secret à Serranus ; que lui et mon père prononcent sur mon sort, cela m'est indifférent. Le pêcheur de perles estime-t-il la vie lorsqu'il s'enfonce dans les abîmes de la mer? Craint-il les ondes au-dessus de lui? Peut-il les éviter, s'il veut atteindre à son but?

Mais enfin que peut prétendre Serranus ? Que peut-il exiger que je ne veuille à l'instant exécuter comme par le passé ? Je resterai à la tête de sa maison avec une fidélité à toute épreuve ; je surveillerai ses esclaves et leurs travaux ; ses intérêts me seront également chers : voilà tout ce qu'il exige ; ses désirs se bornent là. Jamais il ne demanda d'être aimé, jamais je n'eus d'amour pour lui... jamais je ne l'aurais pu. Son cœur n'é prouve aucun besoin ; de quoi donc aurait-il à se plaindre ? Je ne manque à aucun de mes devoirs envers lui; j'ai la persuasion d'agir constamment de même ; et ce qui m'assure que mon commerce avec Tiridate ne s'écartera jamais de la vertu, c'est que je l'aime parce qu'il est vertueux ; de plus ne crains pas que je puisse être capable de tromper Serranus. Le voyage de Baies ne fut point un prétexte; lui-même m'y engagea (sa présence ou la mienne y était absolument nécessaire), et il ne voulait pas s'absenter pendant les fêtes. Je partis donc, avec plaisir : Tiridate était retenu à Gutéoli pour des affaires. Je ne me fais aucun mérite de ce voyage, et ne voudrais pas que Serranus y attachât plus de prix que moi. De cette manière , tout reste entre nous dans un jour clair et simple.

Mais c'en est assez sur moi, parlons à présent un peu de toi, ma bonne amie ; nous avons encore un petit compte à régler ensemble. Est-il juste que, à titre d'amie, je confie à la plus jeune les secrets de mon cœur, et qu'elle me fasse des mystères ? Comment mes entrevues avec Tiridate te sont-elles connues ? Où as-tu pris le pouvoir de tout savoir ? Dois-je croire que, semblable à une fée de la Thessalie, rien n'échappe à ta pénétration ? Ne me juge pas crédule, parce que je suis franche. Veux-tu que je prononce aussi un nom magique ? Agathoclès, l'ami du prince d'Arménie, le fils d'Hégisippus, de Nicomédie, si bien reçu dans votre maison depuis qu'il est à Rome (je crois même qu'il loge chez vous). Son caractère est noble, son esprit original, son cœur est enflammé d'enthousiasme pour tout ce qui est grand et vertueux. Etait-il possible qu'une belle Romaine, possédant tous les avantages que la nature, l'éducation ont pu lui donner, manquât d'obtenir le suffrage d'un homme qui se pique d'être un vrai connaisseur de tout ce qui est distingué ? Agathoclès est trop aimable lui-même, malgré son originalité, pour n'avoir pas su apprécier le rare météore qui se montre à lui dans tout son éclat ; il aura commencé par l'admiration, puis l'estime, puis l'amitié, puis enfin il aura éprouvé un sentiment plus vif et plus tendre. Ne rougis pas, Calpurnie, Agathoclès est digne de toi. De retour à Rome, je te raconterai bien des choses de lui que j'ai apprises de Tiridate, mais qui ne peuvent être le sujet d'une lettre. Adieu, ma chère Calpurnie; ne me boude pas de ce que je ne puis devenir plus sage, plus prudente. Je serai bientôt à Rome ; mes occupations ici touchent à leur fin ; j'ai trouvé notre villa dans un grand délabrement, suite inévitable de l'absence continuelle du maître qui laisse tout aux soins de ses domestiques. Au reste, j'ai pris des arrangemens qui plairont à Serranus, je l'espère, pour prévenir de nouveaux désordres. Dès que tout sera en règle, je volerai dans tes bras. Adieu.

LETTRE III.

CALPURNIE A SULPICIE.

Rome, janvier 301.

Si je pouvais être fâchée contre toi, je l'aurais presque été de ta lettre ; mais les choses flatteuses qui la terminent m'ont un peu radoucie. Je ne te dirai donc plus rien sur toi ni ta conduite, puisqu'il paraît que tu ne veux pas m'écouter ; d'ailleurs, dans ce moment, je parlerais en vain : ta raison est sous l'empire de la passion. Tout ce que je me permets d'ajouter, c'est le souhait le plus ardent que l'illusion dans laquelle je te vois, à mon très grand chagrin, finisse avant qu'il soit trop tard pour ton repos.

Je vais donc te parler de moi et de l'ami de notre maison. Comment as-tu pu me croire capable de vouloir te cacher la moindre des choses ? jamais cette idée n'est entrée dans mon ame. Je ne t'écrivis rien d'Agathoclès, parce que je ne pensais pas à lui, et que tu m'occupais trop, pour m'attacher à un autre objet. Tu as raison de lui donner le nom d'*original* et d'ajouter le titre d'*aimable* mais tu n'as pas encore tout dit. Premièrement, sa figure est plus noble et plus imposante qu'elle n'est belle. En second lieu, sa manière de se vêtir est beaucoup trop simple , je dirai même négligée, et jamais il ne fera une profonde impression à côté de cet essaim de jeunes élégans dont les parfums embaument l'atmosphère. En troisième lieu, sa philosophie et sa vertu ont quelque chose de trop austère pour moi ; aussi n'est-il avec personne aussi bien qu'avec mon père. J'aimerais que tu fusses témoin lorsque ces deux républicains, ennemis jurés de la tyrannie , se laissent entraîner par le feu de leur conversation : le contact de leurs idées anime tellement leur imagination ardente, qu'ils s'exhalent en plaintes amères contre les mœurs et les usages du siècle , en vantant au plus haut degré le passé. Alors le maintien de notre ami prend une certaine teinte de fierté mêlée de grandeur ; ses yeux s'animent au point qu'ils étincellent; son visage, ordinairement pâle, se colore, et sa bouche , qui sourit rarement, prend un caractère si attrayant , que l'on est tenté, dans ces instans, de douter de ses propres yeux, tant il est différent de lui-même , et loin d'être d'accord avec tous ses principes : mais ce n'est qu'un éclair ; et dès qu'on a le temps de réfléchir sur ce qu'il avance , on apprécie au juste ses paroles. Du reste, je le connais très peu, car jamais il ne me parle : je suis trop au-dessous de la perfection idéale féminine qui l'occupe sans cesse. La première impression que j'ai faite sur lui doit avoir été fort à mon désavantage. Mon père me présenta à lui dans un moment où je me trouvais assez négligemment vêtue ; un délicieux conte millésien m'était tombé entre les mains, je l'avais lu presqu'en entier au lieu de m'habiller, et je lisais encore lorsqu'il entra. Quelle différence de moi à ces respectables matrones de l'antiquité ! Quel crime à ses yeux ! Comment une jeune personne aussi légère, aussi frivole aurait-elle pu lui plaire ? Quel dommage, Sulpicie, que ton cœur soit engagé ! c'est l'amant qu'il t'aurait fallu, et je ne te l'aurais pas envié.

J'ai observé en lui quelque chose qui me ferait de la peine si je l'avais bien jugé ; car, malgré toutes ses singularités, c'est un homme de mérite. Il paraît avoir dans le cœur un secret chagrin : l'idée affligeante qu'il a du monde, son dégoût très prononcé pour les plaisirs et pour la jeunesse, ne peuvent être de l'essence d'un jeune homme né au sein du bonheur. Plusieurs autres de mes remarques me confirment encore dans mes conjectures. Si elles sont justes, je le répète, cela me ferait beaucoup de peine. Tâche de découvrir la vérité par Tiridate, et réponds-moi avant de quitter Baies.

LETTRE IV.

AGATHOCLÈS A PHOCION.

Rome, janvier 301.

JE suis à Rome ; et si je ne t'ai pas écrit depuis quinze jours, ne l'attribue, je te prie, qu'à la nouveauté des objets qui m'entourent, et à l'effet qu'ils ont produit sur moi. Je n'ai point trouvé ici la gaîté qu'on me promettait à Nicomédie ; Rome est peut-être l'endroit le moins propre à me guérir. Suis-je en effet malade ? On se l'imagine, parce que je ne puis vivre comme mes alentours. Leurs travers me rendent singulier à leurs yeux, et leur folie est insupportable aux miens : je n'exige point l'impossible, mais la vérité, la vertu, l'ordre et les mœurs leur paraissent trop difficiles, c'est la principale cause de nos disputes. Le siècle *est malade*, et non celui qui a le courage de le dire d'après son intime conviction et les preuves authentiques qui nous restent du passé : comment donc pourrais-je vivre parmi les Romains et m'y plaire ?

Pour ne point abuser de ton temps, je passerai sous silence mon voyage. Il te suffira, sans doute, de savoir que je suis arrivé à Rome avec l'esprit plus tranquille. Ma longue navigation, l'immensité de la mer, la contemplation continuelle des astres en agrandissant mes idées les avaient portées au delà de ce monde. Toi, l'instituteur de ma jeunesse, toi qui connais si bien les sensations de mon ame, tu comprendras quelle singulière impression j'éprouvai lorsque notre vaisseau entra dans l'embouchure du Tibre, et que je touchai au moment de voir les lieux même où s'étaient passées ces grandes scènes dont le récit m'avait si vivement ému ; mon cœur battait avec force : c'est ainsi que j'arrivai à Rome. Je crus voir planer au-dessus du Capitole les mânes de nos illustres ancêtres : je voyais tout revivre en souvenirs. Mon conducteur me mena, à travers les rues remplies de monde, dans la maison de notre ami Lucius Pison. Je passais devant nombre de statues, je foulais à chaque pas le sol qui avait été témoin de mille actions sublimes, et mon cœur était saisi d'un saint respect. Je pris la ferme résolution de parcourir ces lieux le plus tôt possible. Arrivé au portail de la maison, je fus reçu par une foule d'esclaves richement habillés : on me fit entrer dans le vestibule (1). Les statues des membres de la famille des Pisons, dont plusieurs vraiment remarquables, étaient rangées dans cette pièce ; leur présence auguste me fit paraître le temps beaucoup moins long, car je m'aperçus au cadran solaire que l'on me faisait attendre depuis long-temps. Enfin arriva un esclave d'une figure charmante, parlant très bien le grec ; il me conduisit à travers une longue file d'appartemens somptueux et ornés de vases, de peintures, de tableaux, de statues, et me fit entrer dans le cabinet de Lucius Pison. C'est un homme rare ; quoique vieillard déjà, il est encore vigoureux, rempli d'esprit et de noblesse. Il ne se montre jamais mieux que lorsqu'il est éloigné de la magnificence qui l'entoure, et il cache soigneusement la supériorité de son esprit. Le père m'a plu infiniment mieux que ses fils ; ce sont des jeunes gens qui ne sont pas dénués de mérite, comme d'autres dont j'ai fait la connaissance dans cette maison ; mais le siècle a cependant

____

(1) *Atrium.* Toutes les maisons à Rome avaient dans le bas une grande pièce, la plupart ornées de colonnes et de statues, d'où l'on passait aux appartemens.

beaucoup influé sur eux, en sorte qu'ils sont moins estimables qu'ils n'auraient pu l'être. Avant le souper je fus présenté à la fille de Pison. De par tous les Dieux, c'est une personne charmante; la voix de la renommée avait excité toute ma curiosité, et je la trouvai, sous tous les rapports, mieux encore que je ne m'y attendais. Un attrait irrésistible, et dans sa figure et dans son commerce, entraîne en dépit de la raison; car il est difficile d'avoir plus de travers dans l'esprit et plus de légèreté dans les principes. Issue d'une des premières maisons de Rome. Calpurnia Pisona, la fille du respectable Lucius, ressemble par ses vêtemens et ce qui l'environne, à une courtisane; mais cependant elle ne se permet jamais la moindre chose, soit dans ses manières, soit dans ses propos, qui puisse blesser et la bienséance et la modestie.

La personne qui me plairait incontestablement le mieux entre toutes les connaissances que j'ai faites à Rome, serait Sextus Sulpicius, si une expression de dureté, et même, je crains de le dire, d'avarice, ne se peignait sur sa physionomie : il a sacrifié son aimable fille sans consulter son bonheur, et seulement par ambition. On dit que Sulpicie est belle, vertueuse et très malheureuse d'être unie à un vil débauché de la famille des Anicius. Je me réjouis de faire sa connaissance ; notre ami Tiridate est aussi le sien ; je n'ose approfondir s'il est davantage, pour ne pas perdre l'estime qu'elle m'inspire.

J'ai déja écrit deux fois à mon père, une fois de Corinthe, par le retour d'un bâtiment, et la dernière fois de Rome. Je n'oublierai jamais le respect que je lui dois à titre de fils. Du reste, je ne puis rien faire de ce qu'il attend de moi ; je ne puis vivre ni agir comme lui, parce qu'il m'est impossible de penser et de sentir à sa manière, et que le bouleversement total d'un être fort de sa vertu et de ses principes ne saurait être l'ouvrage de la contrainte. Les circonstances, le temps et la séduction peuvent produire quelque effet ; mais là où la conviction est inébranlable comme l'est la mienne, il ne peut rien espérer, et je n'ai rien à craindre. Il m'a fait quitter Nicodémie pour que j'apprenne dans d'autres pays que mes idées sont romanesques, mes prétentions à l'égard de l'humanité trop exigentes, et mes principes de bien public trop exaltés. J'ai obéi. Permets que je t'avoue qu'il ne m'en a pas coûté beaucoup ; car une voix intérieure me disait qu'un père et un fils ne doivent pas penser si différemment, et que dès que ce malheur arrive, il vaut mieux qu'ils se séparent. Mes idées resteront éternellement les mêmes, et le séjour de Rome n'y apportera aucun changement. Je ne puis assez te dire combien cette ville et ses habitans me déplaisent, et je crois volontiers ce que m'a dit Tiridate (le seul être avec qui j'aime à parler dans ce gouffre de vices et de folies), que c'est précisément le contraste avec le temps passé, qui, en se montrant avec tant d'audace dans les descendans de leurs plus dignes ancêtres, augmente encore mon aversion pour eux. Non, Phocion, mon père n'aurait pas dû m'envoyer à Rome.

A tout prendre cependant, je ne suis pas mécontent d'être ici. J'étudie beaucoup, je gagne en expérience, je vois plusieurs monumens qui attestent les arts des heureux temps qui ne sont plus, et j'ai le plaisir de cultiver la connaissance de nombre d'hommes lettrés. Mes heures sont partagées entre les exercices du corps et ceux de l'esprit, les jouissances et l'application; tu sais que j'ai besoin seulement de liberté et de loisir pour être content. C'est tout ce que l'homme peut et doit désirer. Chacun n'est-il pas aussi heureux qu'il croit l'être en effet? Si parfois des idées sinistres s'élèvent dans mon ame, c'est à la force d'esprit à les chasser. L'homme n'est pas né pour être heureux, son but est d'être vertueux et bon, n'oublions jamais cela, attachons-nous à cette grande idée, et supportons avec courage ce que le sort nous réserve.

LETTRE V.

DU MÊME AU MÊME.

Rome, février 301.

Tu me mandes que mon père a été malade, qu'il est convalescent, grace aux Dieux, qui conduisent et dirigent notre sort. J'aurais éprouvé un bien grand chagrin de ne pas le voir encore une fois, aux derniers momens de sa vie; pour recevoir sa bénédiction et son pardon. Il est mon père et malgré tout ce qui nous sépare, la nature ne renonce jamais à ses droits; j'apprends donc avec joie sa guérison. Tu parais être surpris de ses manières pendant sa maladie, non pas moi : sa philosophie est semblable à celle de bien des hommes de notre temps; elle n'est point l'effet de ses principes, mais la suite de son aisance. Il a juré d'offrir un trépied au temple de Delphes, et un coq à son médecin, lui qui envisageait les dieux et leur culte comme une absurdité, et seulement comme un moyen de retenir le peuple dans l'espérance et la crainte. Cet exemple aura des millions d'hommes pour imitateurs. C'est une preuve de la dépravation de ces temps ; ce qui était sacré pour nos ancêtres est foulé aux pieds et l'on ne trouve rien pour le remplacer. Quelle que soit l'opinion du peuple pour les dieux, il faut la lui laisser tant qu'on n'a rien de mieux à lui offrir. L'éclair de lumière que les philosophes nous ont montré au milieu des ténèbres dont nous sommes environnés, est bien quelque chose; mais trop peu pour l'esprit ardent qui voudrait étancher la soif dont il est dévoré. Une partie de mes chagrins est de me sentir dans cette obscurité ; je médite, je combats, je cherche, au point que mon imagination, mon intelligence sont fatiguées à mourir ; je tombe dans un vague désespérant, je me dis qu'une foule de grands hommes de l'antiquité ont passé leur vie à réfléchir sur ces objets, sans être plus savant que moi : cette pensée jette mon ame dans un abattement léthargique jusqu'à ce que de nouveaux doutes reviennent la troubler.

Si au moins une passion quelconque, un objet digne d'ambition, l'amour ou l'amitié, pouvait fixer ma volonté et lui donner une marche sûre, **offrir à mon courage un but raisonnable ! Toi qui me connais, qui me comprends, tu es loin de** moi ; je suis seul ici. Tiridate est sans doute très aimable, je crois même que si nous nous étions connus antérieurement, nous serions devenus amis. Ce qui nous sépare maintenant, ce qui empêche notre liaison intime, ne repose pas autant sur notre intérieur que sur les apparences extérieures. Sur tout ce que l'homme chérit et estime le plus, sur tout ce qui est saint et sacré, nous pensons de même. Mais l'heureux fils d'un roi, accoutumé à la magnificence orientale de la cour de Dioclétien, en faveur auprès du César Galérius, élevé dans l'espoir de monter sur le trône de ses ancêtres, ne peut voir les hommes et la vie sous le même point de vue que le fils obscur d'un simple particulier ; les circonstances de notre vie, notre éducation nous ont placés dans des positions trop différentes pour devenir *amis :* nous nous aimons beaucoup, mais ce n'est pas assez pour mon cœur; le sien n'en saurait être non plus satisfait, puisqu'il lui manque l'objet actuel de ses plus ardens désirs. Il aime Sulpicie... malheureuse, il est vrai, mais jusqu'ici vertueuse.

J'apprends tous les jours à mieux connaître Calpurnie ; à chaque instant son caractère se développe sous le point de vue où je l'avais envisagée dès le premier moment. Elle n'est pas sans mérite, mais d'une légèreté incompréhensible ; le grand et le beau, ainsi que le ridicule et le commun, lui servent également de jouet lorsqu'elle est d'humeur à persifler. Continuellement en dispute, nous paraissons nous haïr ; cependant je sais, à n'en pouvoir douter, que nous nous estimons réciproquement, mais sans jamais nous rapprocher.

Tu voudrais que je cherchasse à me placer. O Phocion ! l'envie d'occuper un emploi honorable, en ce moment où tout est corruption, où les liens les plus sacrés sont détruits, ne peut naître que dans une ame vaine ou intéressée : l'amour de la patrie est un mot vide de sens ; travailler au bien général est une chimère lorsqu'on dépend de la volonté arbitraire d'un maître. Quel sera mon avenir ? Sur quoi porter mes espérances, mon activité ? Le présent est nul pour moi, et le passé n'existe plus : mon enfance, ma première jeunesse ont été flétries par les coups de l'adversité. Non, Phocion, je ne suis pas heureux ; je me sens accablé de mille peines, et je suis forcé d'avouer que la source du malheur vient moins du sort que de moi-même. A ma place, des milliers d'hommes seraient contens : mais je porte en moi des principes, des idées, des prétentions qui ne vont plus avec ce qui m'entoure ;

je suis en guerre continuelle avec la réalité qui ne se venge que trop de celui qui la dédaigne. Que dois-je faire, m'est-il possible de me métamorphoser? Ah! que le sort ne m'a-t-il accordé une portion de cette légèreté avec laquelle la séduisante Calpurnie sait glisser sur les désagrémens de cette vie! Accablé de mes sombres idées, dans la nuit obscure du passé, j'entrevois quelquefois une image chérie qui me sourit avec douceur; mais elle disparaît aussitôt, et me laisse mille fois plus malheureux encore. Je veux t'en parler, Phocion; ce doux souvenir soulagera quelques instans mon ame oppressée.

J'étais encore enfant, et long-temps avant que mon père m'eût confié à tes soins, nous avions pour voisin Timantias, un noble citoyen de Nicomédie, revêtu d'une des premières charges de l'état. Mon père et lui étaient amis, comme on l'est généralement; ses enfans étaient nos camarades de jeux. Je tenais de ma mère, qui mourut à la fleur de l'âge, une constitution faible, une humeur douce et tranquille qui m'empêchait de prendre part aux jeux fatigans de mes frères et des fils de Timantias. Sa fille unique, Larissa, ne me quittait point, son cœur sensible trouvait du plaisir à ne pas me laisser seul; elle jouait avec moi, ou elle tâchait d'engager les autres à choisir des jeux moins fatigans. C'est ainsi qu'elle me soignait, qu'elle m'aimait, qu'elle remplissait mon cœur de la plus tendre reconnaissance, et d'un attachement qui s'augmenta avec les années. Nous n'étions plus enfans ; mais notre amour réciproque conserva toute la pureté, toute l'innocence de l'enfance quoiqu'il eût tout le feu, toute la vivacité de la jeunesse.

Le sort, comme un ennemi cruel, vint alors nous séparer. Timantias fut accusé d'un crime d'état, et jeté dans un cachot ; je n'ai jamais su s'il était vraiment coupable, ou si ses grandes richesses convoitées par le proconsul Sisenna Statilius, furent le motif de cette accusation. Mon père rompit tout commerce avec sa famille ; je ne pus voir Larissa qu'en secret ; nous nous donnions rendez-vous près de la haie qui séparait nos jardins ; cette contrainte, ce mystère et les chagrins de ma jeune amie, ajoutèrent encore à notre inclination mutuelle.

Enfin, après quinze jours de détention, Timantias fut exilé avec sa famille, quoiqu'il eût, dit-on dans son jugement, mérité la mort. Tous ses biens furent séquestrés : Sisenna Statilius acheta sa maison à vil prix, et mon père entretint le même commerce d'amitié et de voisinage avec ce nouveau possesseur ; mais il lui fut impossible de me persuader de retourner dans cette demeure, où chaque place me retraçait ma chère Larissa. Cette *opiniâtreté* de ma part, ainsi qu'on se plut à nommer ma fermeté, fut la première cause de la division qui se glissa entre mon père et moi. Depuis lors, Phocion, huit années se sont écoulées sans qu'il m'ait été possible de rien apprendre de Timantias et de sa famille : j'ignore si Larissa est heureuse, si elle m'a conservé sa foi, ou si elle a donné son cœur et sa main à un autre. Que dis-je, hélas! j'ignore si elle existe encore, et j'en doute, puisqu'elle ne m'a pas donné de ses nouvelles : l'amour sait braver tous les obstacles, employer tous les moyens; cependant il aurait dû aussi me faire découvrir la retraite ou le destin de Larissa. Toutes mes perquisitions ont été inutiles; mais son souvenir est gravé au fond de mon cœur, et ne s'en effacera jamais, quoiqu'il ne me reste aucune espérance. Adieu, Phocion, plains ton malheureux élève.

LETTRE VI.

CALPURNIE A SULPICIE.

Rome, février 301.

Ton séjour à Baies et ta longue absence me deviennent insupportables ; j'ai tant de choses à te dire, à te raconter !... je suis obligée d'avoir recours à la plume, moyen bien faible pour exprimer ce qu'on sent. Que d'idées qu'on n'articule pas, et qu'une amie entend également ! un instant de présence réelle vaut mieux, à mon avis, que dix lettres.

Serranus commence à s'impatienter aussi de ta longue absence ; tu as trouvé bien des occupations ; l'état de votre villa est pire que vous ne l'aviez supposé ; il ne l'ignore pas ; mais il pense que tu devrais avoir achevé de mettre tout en ordre, et que, s'il reste encore quelque chose à finir, on pourrait le différer. Serranus est, je t'assure, le plus excellent des maris ; il sait que tu as vu souvent le prince d'Arménie à Baies, et il se réjouit de ce que tu n'as pas été tout-à-fait seule ; il t'estime trop, Sulpicie, pour croire que ta liaison avec Tiridate soit autre chose que de l'amitié. Hier il vint chez moi pour se plaindre de ton absence ; nous parlâmes beaucoup de toi ; il veut t'écrire pour te prier instamment d'accélérer ton retour ; il trouve que sa *bonne* Sulpicie lui manque partout.

Tu me manques aussi plus que je ne puis te le dire ; il s'est fait en moi un changement dont j'aimerais à te parler : je ne suis plus ce que j'étais lorsque tu m'as quittée ; je vois tout sous un nouveau jour, je m'en afflige ; cependant je ne regrette point que ce changement soit arrivé. Pourrais-tu le croire, Sulpicie ! je deviens silencieuse : je puis, pendant des heures entières, réfléchir profondément sur des choses qui naguère me faisaient rire aux éclats. Je ris rarement à présent, très rarement, et souvent je trouve du charme à ce qui me paraissait ridiculement exalté lorsque j'étais encore la vive, l'insouciante Calpurnie : j'attribue cette disposition nouvelle aux personnes que je vois. Que l'on se garde de nier cette influence qui agit d'une manière insensible, et de croire que l'on puisse échapper à son empire ! Lorsqu'on habite un pays étranger, ne prend-on pas insensiblement, et sans presque s'en apercevoir, les mœurs, les modes, les usages, et même le dialecte de ceux avec qui l'on vit ? Ainsi, nous imitons de même les idées, les vues et le genre de conversation des amis que nous fréquentons habituellement ; ce n'est qu'après quelque temps que nous nous apercevons du changement qui s'est opéré, et que nous sommes surpris de ne plus nous retrouver. Agathoclès (ne souris pas, Sulpicie), Agathoclès est très souvent avec moi ; nous causons ensemble sur divers sujets intéressans, auxquels il me semble que je n'aurais jamais pensé deux minutes, et dont je puis parler des heures entières. Mon amour-propre féminin m'induit bien en erreur, s'il n'est pas vrai qu'il trouve autant de plaisir dans nos entretiens que j'en éprouve dans sa société. Ce plaisir mutuel qui nous entraîne à nous chercher, à parler ensemble, tiendrait-il seulement à une espèce de surprise de voir un tel accord dans notre façon de penser, et des rapports dont nous ne nous doutions pas ? Dans les commencemens, une différence totale semblait exister dans nos caractères et nos opinions ; à présent j'ai la preuve incontestable que nous pensons à peu près de même sur la plupart des choses : il s'élève bien de temps en temps une légère dispute entre nous, mais elle ne fait qu'animer la conversation et l'échange de nos idées ; elle ne dérange point notre harmonie, et nous en revenons bientôt aux mêmes résultats. Agathoclès est à son aise depuis qu'il s'est dégagé de sa pruderie apparente, il en est cent fois plus aimable ; il lit, il déclame on ne peut mieux : mon plus grand plaisir est de me faire réciter par lui les passages les plus intéressans de nos poètes, qu'il sait de mémoire ; il m'arrive aussi quelquefois de déclamer avec lui ; cette étude et ce talent furent de tout temps mon amusement favori, et puis, l'avourai-je, ma vanité n'est pas sans récompense : je vois ou plutôt je sens que la lectrice l'intéresse plus que le poète , et plus il est sévère, plus j'ai de plaisir à voir fondre cette glace sous les doux rayons de l'amitié ; de l'*amitié !* fais bien attention à ce mot, Sulpicie, c'est bien ce que je veux dire, et je ne m'en sers pas pour voiler le mot d'*amour ;* il ne peut y en avoir entre nous, puisque je suis sa confidente. Je sais que son cœur, et c'est toujours ainsi chez un être exalté, appartient en partie à l'humanité, et que le reste de ses sentimens, bien purs, sont le partage d'une idole dont l'image est gravée dans ce cœur fidèle depuis l'enfance, et qui le rend insensible aux charmes des autres mortelles. Je suis déja bien instruite comme tu vois ; aussi n'ai-je pas eu besoin d'attendre ton retour ni tes informations auprès de Tiridate ; j'ai cherché à pénétrer le secret d'Agathoclès par un moyen plus noble et plus doux, celui du vif intérêt que je lui ai témoigné. J'ai découvert qu'un chagrin oppressait ce cœur, qu'il n'a pas fermé à l'amitié compatissante. Son mécontentement sur les temps présens, ses craintes sur l'avenir, sa tristesse sur le passé ne sont plus le sujet de nos entretiens, encore moins celui de mes saillies. Depuis que je sais le genre d'intérêt que mon ami prend à ce passé tant regretté, je n'en parle plus qu'avec un ton sérieux, plein de dignité, je vois enfin avec joie les nuages qui obscurcissaient son front, se dissiper, et ses yeux m'exprimer amitié, reconnaissance; il m'a même parlé, mais avec retenue, de la désunion qui règne entre son père et lui; j'ai respecté sa discrétion, je n'ai pas insisté pour en savoir la cause ; cependant j'ai lieu de croire qu'il aurait volontiers confié à son amie tous les secrets dont il est maître, et qui le regardent seul.

Que j'aurais aimé connaître cette personne, charme de son enfance, attachement de sa jeunesse, et qu'il ne peut oublier! Elle n'était point belle, dit-il, mais très intéressante, bonne, sensible, parfaitement aimable : cela va sans dire quand l'amant trace le portrait : je crois même pouvoir en conclure qu'elle était décidément laide, puisqu'il est forcé de convenir qu'elle n'était pas belle ; mais qu'importe ! elle était aimée ! ! elle l'est encore !! Ils furent intimement liés dans leur enfance, cette liaison a continué jusqu'à la dix-huitième année d'Agathoclès ; sa bien-aimée en avait quinze ou seize : depuis lors il ne l'a pas revue, depuis huit ans ils sont séparés ! Huit ans ! Sulpicie, peux-tu concevoir qu'un jeune homme conserve aussi long-temps une impression d'enfance, qui durera sans doute éternellement, et servira de type au jugement qu'il portera sur toutes les femmes ! Cela pourra fort bien lui nuire pour le choix d'une épouse, ou lui être utile, si tu veux, car il n'en sera que plus prudent : il étudiera long-temps une femme pour s'assurer si elle a quelque rapport avec celle qu'il aimait, et pour lui quelle tâche difficile ! J'aime fort qu'un jeune homme ait dans le cœur un sentiment de grandeur, de dignité, de vertu, qui lui serve à juger le monde : l'un et l'autre y gagnent ; alors il ne fera jamais rien d'ordinaire, jamais il ne sera un de ces êtres comme on en voit tant, et s'il rencontre des ames semblables à la sienne, elles s'électriseront mutuellement, elles deviendront ensemble capables des plus belles actions : qu'il prenne idéalement pour modèle un homme célèbre, un héros comme Miltiade le fut pour Thémistocle, ou même une femme aimable, peu importe, l'effet est toujours le même.

Sur ce récit, tu peux juger du calme de mon ame, et si j'envisage ma position et celle d'Aga-thoclès avec une vraie *philosophie*, passe-moi ce mot, il exprime précisément ce que je veux : la philosophie n'est-elle pas l'amour de la sagesse, et ne doit-on pas regarder comme sage celui qui s'efforce d'avoir une idée juste des choses et des hommes, de les considérer sous leur vrai point de vue, d'examiner et les rapports et les différences qui existent entre eux, ce qui doit ou en rapprocher ou en éloigner? cela seul mène à la tranquillité, la sagesse ne peut exister dans une ame agitée et incertaine. D'après cette défi-nition qui me paraît assez juste, il s'agirait de décider quel est le plus digne du titre de philo-sophe, de celui dont l'ame passionnée se jette toujours dans les extrêmes, qui voit le monde dans un combat perpétuel entre la vertu et le vice; qui supporte tout péniblement, parce que rien ne se trouve d'accord avec ses principes austères et ses opinions exagérées; qui hait le monde où il est appelé à vivre, et les hommes dont il ne peut se passer; ou de nous autres femmes, légères, enjouées, qui ne donnons pas plus de prix aux choses de ce monde qu'elles n'en méritent; qui ne nous laissons émouvoir ni par les passions ni par les préjugés ; qui déchirons le voile des illusions, et voyons l'homme ce qu'il est réellement, un nain qui voudrait passer pour un géant, un enfant qui ne sait ni ce qu'il veut, ni ce qu'il dit, et se laisse entraîner par les circonstances; enfin, qu'il est si facile de subjuguer, lorsqu'on ne se laisse pas subjuguer soi-même.

Je vais maintenant te parler d'un passage de ta lettre, qui m'a beaucoup chagrinée : *abjurons l'orgueil des systèmes*, m'as-tu écrit, *nous ne sommes point ce que nous voulons, mais ce que nous pouvons.* Moi, je te dirai, au contraire, ne cherchons point d'excuse dans notre incapacité, surtout lorsqu'il est question d'agir. *Que de fois il arrive*, dit le grand Sénèque, *que ne pas pouvoir sert d'excuse à ne pas vouloir!* Je l'avoue donc, ma chère Sulpicie; Agathoclès pourrait être dangereux pour moi et pour mon repos, si je n'avais pas une volonté ferme, positive de résister de toutes mes forces : *je le veux, je le pourrai.* Je t'ai parlé comme je sens; pourquoi devrais-je me taire et rougir du penchant qui m'attire vers le meilleur des hommes? Précisément parce que je sens ce penchant et que j'en conviens, je m'observerai avec soin, ainsi que celui que j'aime. Ni l'amour ni la passion ne doivent dominer un caractère tel que le mien, m'entraîner au delà de mes résolutions, et troubler ma douce tranquillité : estime, amitié, confiance , commerce vertueux et libre avec un aimable ami, voilà tout ce dont j'ai besoin pour être heureuse. Je cherchais ce bonheur, je l'ai trouvé; je saurai le conserver. Adieu.

LETTRE VII.

SULPICIE A CALPURNIE.

Baies , février 301.

QUE dois-je te dire, ma chère Calpurnie? Faut-il admirer ta gaîté, envier ton bonheur, ou bien avoir pitié de tes prétentions insensées et de ton erreur! Tu aimes, tu restes en présence de l'objet aimé, et tu crois pouvoir comprimer à ton gré tes sentimens, leur prescrire des bornes! De deux choses l'une, ou tu te trompes toi-même, (car je ne croirai jamais que tu trompes ton amie), ou tu sortiras trop tôt de ce sommeil mensonger, ou... tu es la personne la plus heureuse qui ait jamais existé. Tu dis que tu sais par cœur nos auteurs tragiques; tu connais donc ce passage : *Je crains les Dieux lorsqu'ils nous sont trop propices* (1).

J'ai bien prévu, d'après ce que Tiridate m'a dit d'Agathoclès, que vous vous rapprocheriez malgré le contraste qui existe entre vous : peut-être même par cette raison; mais je n'aurais jamais imaginé que tu continuasses à jouer avec le sentiment qui t'entraîne vers lui, et que tu conservasses l'espérance de le diriger à ton gré. Que penses-tu donc de l'amour? Quelle idée t'en formes-tu? Puisse la voix d'une amie malheureuse avoir encore la force de te donner un avis salutaire, s'il en est temps! écoute du moins celle qui connaît, hélas! l'amour mieux que toi : c'est le sentiment le plus fort, le plus doux, le plus puissant qu'un mortel puisse éprouver ; seul il lui fait oublier pendant quelques instans sa pénible existence, et le transporte dans le séjour des dieux. Mais ce bonheur céleste, rarement accordé aux enfans de la terre, n'est pas l'héritage des fils de Deucalion formés pour les soucis et les peines, les dieux punissent celui qui cherche, dans son délire, à se rendre leur égal, et veut envahir leurs droits ; ils repoussent l'audacieux qui ose, dans son enveloppe mortelle, se

____

(1) *Les Troyennes*, tragédie de Sénèque.

placer à leur table, et prétendre ici-bas au bonheur suprême : n'est-ce pas là le vrai sens de la fable de Prométhée qui s'empare du feu du ciel pour créer, pour animer des êtres parfaitement heureux ? Ce n'était point par orgueil, c'était par un amour brûlant de l'humanité, par le désir de connaître, de répandre le souverain bonheur, celui d'un amour éternel. Mais les dieux ont puni ce vol sacrilége ; des siècles de tourmens ont été le résultat de sa téméraire présomption.

Les dieux punissent ou récompensent l'amour par l'amour même ; dans leur bonté, ils permettent quelquefois à l'un de leurs favoris d'être ici-bas heureux par l'amour : mais ce n'est, ce ne peut être que lorsqu'il est avoué par la vertu, par le devoir : crois-en ton amie. Des poisons subtils, brûlans, des serpens qui s'enlacent autour du cœur et le déchirent ; ou bien un fleuve de délices, tel est cet amour dont tu parles avec tant de légèreté. Pour mon éternel malheur je sens cette vérité ; tu l'éprouveras de même. Je voudrais que du moins mon expérience pût te sauver ; je t'en supplie, fuis pendant qu'il en est temps, à moins que tu n'aies la plus grande espérance de succès. Si tu vois, à n'en pas douter, qu'Agathoclès t'aime comme tu l'aimes, que nulle difficulté ne s'oppose à votre union, alors poursuis ta route, toi la favorite des Dieux, et jouis du bonheur, sans porter envie à ta triste amie qui n'eut point un pareil sort, mais qui n'en partagera pas moins ta félicité ; jouis, mais rappelle-toi Némésis (1) ; que la crainte de perdre ton bonheur en assure d'autant plus la durée.

O ma chère Calpurnie ! quelle consolation pour moi quand je te saurai heureuse ! Tu es bonne, sensible, aimable et belle ; les Dieux en t'accordant tant d'avantages si rarement réunis, t'ont sans doute destinée au plus grand bonheur qu'ils puissent accorder aux humains. Lui seul éclairera l'obscurité de ma vie.

Tiridate est parti d'ici avant-hier pour retourner à Rome, et se préparer à un plus grand voyage. Le César Galérius l'envoie à Nicomédie. L'on veut tenter de nouveaux efforts pour obtenir de l'empereur et du sénat qu'il remonte sur le trône de ses ancêtres. On forme une armée : la guerre est déclarée à la Perse. Il s'est passé des choses importantes dans l'Arménie : des conspirations se sont ourdies pour et contre la race des Arsacides ; l'issue de tout ce mouvement est

____

(1) Déesse de la vengeance.

difficile à prévoir, les Dieux seuls le peuvent : nous devons attendre dans une respectueuse humilité quand et comment ce grand coup sera exécuté. Ah! qu'il est cruel le sort d'une faible et malheureuse femme attaché à celui des nations et des empires, et qui ne peut faire autre chose que de s'abandonner aveuglément au torrent ! Calpurnie, tu es heureuse, aucun roi ne détruira votre amour ; votre avenir ne sera ni traversé, ni soutenu par la faveur inconstante du peuple ; la volonté d'une nation n'influera pas sur vous et sur votre sort ; il vous est permis de vous aimer à l'ombre d'une vie privée, et de vivre ensemble jusqu'à ce qu'une mort douce et paisible rompe les liens qui vous unissent, et vous mène l'un après l'autre dans l'Elysée. Avec quelle joie je renoncerais à monter sur le trône des Arsacides, si les chaînes qui me lient à Serranus étaient brisées par la volonté toute-puissante d'Auguste, et que je puisse me retirer avec Tiridate dans le coin le plus reculé de la terre ! Hélas ! je n'ose même faire connaître que tel est mon souhait ! Lui, né dans la pourpre et les grandeurs ; lui, que la majeure partie de la nation appelle à gouverner, que la voix des peuples demande à grands cris ; lui, que ses vertus, plus encore que sa naissance, appellent au trône ! oserais-je, par égoïsme, les priver d'un tel maître, et le faire vivre dans l'obscurité ? Rien ne pourrait justifier un tel crime, une semblable trahison. Tiridate lui-même, cédant peut-être à l'idée de mon bonheur, à mes vives sollicitations, serait-il heureux dans la solitude et l'isolement? Je suis donc condamnée à me taire, à souffrir, à supporter ce qu'il y a de plus cruel pour un cœur tel que le mien, l'absence de ce que j'aime et l'incertitude de l'avenir. Quel silence autour de moi ! que cette journée est longue ! Depuis hier je n'ai pas entendu la voix si douce de mon bien-aimé. Je ne vois plus cette figure céleste ; ce regard, ce sourire qui me rendaient si fière de l'amour que j'inspire, qui me faisaient croire au bonheur, me sont échappés. A présent, je ne connais plus du sort qui nous est réservé, que les dangers, les difficultés, les craintes de toute espèce. O mon amie ! voilà des maux dont tu n'as aucune idée : veuillent les Dieux te les épargner ! Qu'est-ce que la mort dans les bras de celui qu'on adore, en comparaison de mes tourmens ? Je meurs à chaque minute, puisque chaque instant qui s'écoule avance celui d'une cruelle séparation. C'est ainsi que je sens mille fois la mort, avant qu'elle vienne me délivrer de mes angoisses.

Je suis extrêmement abattue depuis quelques

jours : aux douleurs de mon cœur, s'est jointe
une indisposition ; dois-je l'attribuer à mes chagrins ou aux désagrémens, aux fatigues que
m'ont occasionés les soins, les démarches nécessaires pour remettre ici tout en ordre, et surtout
avec notre fermier, le plus exécrable des hommes... Adieu, Calpurnie, cette lettre est assez longue ; je ne puis plus écrire ; après deux
mois d'absence, je touche au moment de voler dans tes bras. Ah ! si je pouvais espérer
de retrouver Tiridate à Rome, de le revoir
encore une fois ! Quel bien, quel baume pour
mon cœur déchiré ! mais je n'ose m'en flatter.
J'ai écrit à Serranus de m'envoyer une litière
douce et commode ; peut-être viendra-t-il lui-
même, ou m'enverra-t-il un de ses amis. J'en
serais bien aise, car je crains de voyager
seule, et de tomber malade en chemin. Je n'ai
pas envie de prendre pour m'accompagner des
gens d'ici, j'ai trop appris à les connaître. Si
mon attente était trompée, je préférerais attendre la belle saison pour retourner à Rome. Mais
non, je ne puis sacrifier l'espoir de revoir mon
Tiridate, peut-être, hélas ! pour la dernière fois
de ma vie ! Ah ! je la donnerais à l'instant pour
jouir de ce bonheur, pour le revoir une seule,
une dernière fois, avant d'expirer.

LETTRE VIII.

CALPURNIE A SULPICIE.

Rome, février 301.

HIER j'ai voulu parler à Serranus de ton retour; j'ai envoyé chez lui, mais il est malade et très inquiet de ne pouvoir aller te chercher lui-même comme il se l'était proposé : en effet, tout est préparé ; mais je le remplacerai, mon père me l'a permis ; le bon vieux Phædo, notre affranchi, m'accompagnera. Adieu donc, dans quatre jours je suis à toi.

LETTRE IX.

AGATHOCLÈS A PHOCION.

Rome, février 301.

TIRIDATE va se rendre à Milan auprès d'Auguste Maximien ; de là il ira à Nicomédie, où l'on fait de grands préparatifs pour la guerre contre les Perses. Tiridate y voit le germe de sa grandeur future et l'espoir de remonter sur le trône de ses aïeux ; il paraît que Galérius l'aime, Dioclétien même ne lui est pas opposé : son esprit adroit voit dans les justes prétentions de mon ami un moyen d'humilier l'insolent orgueil de la Perse qui ne veut pas les reconnaître. Narsès se fie sur sa nombreuse armée et sur le bonheur inouï de son aïeul Sapor. Les Romains, de leur côté, se rappellent que Valérius fut retenu prisonnier chez les Persans, et qu'il perdit la vie d'une manière infâme ; ils brûlent de laver cette tache dans le sang de leurs ennemis. Ainsi ces deux nations s'envisagent avec une fureur réciproque, et le monde entier, depuis la défaite de Valérius, attend avec impatience l'issue d'un combat entre des forces égales. Phocion, je sens mon cœur battre avec violence à l'idée des batailles, des hauts faits d'armes, des grands événemens qui auront autant d'influence sur ma patrie ; mais la patrie seule ne produit pas cette agitation, c'est aussi le sort de mon ami : le bonheur de toute sa vie dépend de cette guerre. Ses prétentions au trône d'Arménie sont justes, mais non celles qui l'intéressent plus encore à la femme de Serranus ; il aime avec passion Sulpicie ; il espère, par l'influence de Galérius, obtenir son divorce et la placer sur le trône : tout est décidé et arrangé entre elle et lui, ils n'attendent que le moment favorable. Tout cela me déplaît. Je ne puis te cacher que je voudrais pour beaucoup qu'il ne m'eût pas confié son secret. Il faut, ou que je perde mes peines et mes paroles à plaider contre un sentiment, suivant lui, irrésistible, ou que j'approuve ce qui est entièrement contre mon opinion. Ce projet ressemble à un rapt que l'on veut commettre après mûre réflexion, pour priver un individu de sa propriété. Qu'importe que Serranus n'ait ni des vertus ni des qualités attachantes, et qu'il se livre avec autant de légèreté que de faiblesse à des plaisirs futiles ? C'est sans doute un grand malheur pour Sulpicie d'être unie à un homme d'un tel caractère ; mais elle n'en est pas moins sa femme, et par la volonté d'un père et par son propre consentement. Le lien du mariage doit être sacré, pour le rompre, il faut au moins que les deux parties soient d'accord, et jugent ensemble qu'une séparation est nécessaire à leur bonheur réciproque : alors il n'y a rien à dire, personne n'est lésé ; mais il ne faut pas que le caprice ou l'inconstance de l'un des deux puisse en décider.

Je vois également avec beaucoup de peine Calpurnie approuver ce projet, le soutenir même avec une étourderie inconcevable. Quelle femme serait Calpurnie sans cette inconséquence d'esprit qui l'égare sans cesse, et lui fait soutenir, comme un principe fondamental, que le plaisir et les jouissances sont le seul but de notre vie ! Elle possède une infinité de qualités estimables ; elle est capable d'amitié, de dévouement entier pour ses amis ; elle fait des sacrifices avec gaîté : pourquoi faut-il qu'avec des vertus si réelles, si nobles, elle se permette, avec une incompréhensible légèreté, d'afficher des opinions qui m'affligent et me blessent ? Mais qu'elle est belle, Phocion ! c'est incontestablement la plus belle femme que j'aie vue de ma vie ; je suis obligé d'en convenir, et je m'en veux de le sentir aussi profondément. Lorsqu'à demi-couchée sur des coussins, elle pince sa lyre avec une main d'albâtre en faisant entendre doucement sa voix enchanteresse, ou que, dans une de ces attitudes inspirées, ses beaux yeux élevés au ciel, ayant dans tous les traits une expression divine, elle déclame les plus sublimes morceaux de nos poètes ; enfin, lorsque, par une danse pantomime, elle déploie dans chaque mouvement autant de grace que de vrai talent, ô Phocion, comme elle est séduisante ! qui pourrait lui résister ? Je n'ai vu Calpurnie danser ainsi qu'une seule fois ; car, malgré ses principes épicuriens, elle ne manque point de cette modestie, l'attrait le plus sûr des femmes. Mais un jour, lorsque le soleil eut fait place au crépuscule, comme il n'y avait d'étranger que moi, elle céda aux prières pressantes de son frère Lucius qui paraît être son favori, et nous donna ce ravissant spectacle. Elle danse divinement, elle a une légèreté, une précision étonnantes. Ses mouvemens, ses graces, le jeu de sa physionomie font une illusion impossible à dépeindre; l'impression qui m'en est restée ne s'effacera jamais. O Phocion! que l'homme est un être faible et misérable! Un simple jeu des sens, sans aucun but noble ou légitime par lui-même, peut influer à ce point, non-seulement sur ses organes, mais sur son être spirituel, l'entraîner malgré lui, le disposer enfin à des actions que la raison, la vertu désapprouvent. Il n'est rien, non rien que je n'eusse fait pour Calpurnie dans le moment de cette danse magique! Ce n'est donc pas assez d'être le jouet du sort, de la nature, de ses passions, l'homme est encore la victime des sens. Quel incroyable pouvoir possède la beauté? Eh! cependant qu'est la beauté? une illusion, une idée purement conventionnelle, dépendant du climat, des temps, des habitudes, que l'on ne peut soumettre à aucune règle générale. L'habitant des zones passe tranquillement devant les premières beautés de la Grèce, et ce qui nous

I.   3

paraît rebutant enflamme son imagination et son cœur. La beauté, les attraits ne sont donc au fond que le plaisir d'un instant, une forme à aquelle on est convenu de donner ce nom, une teinte sur la peau, une couleur dans les yeux, sur les cheveux, dont notre regard a l'habitude, des mouvemens arrondis, gracieux qui nous plaisent : mais une plante se balance mollement sur sa tige, une fleur étale les couleurs les plus brillantes; elles excitent notre admiration sans égarer notre raison, parce qu'elles sont privées de sentiment. Et qui nous assure que cette figure enchanteresse qui nous séduit chez une femme avec tant d'empire et de violence, n'est pas celle d'un être dont les sentimens (si elle en a) n'ont aucune analogie avec les nôtres ? Je me suis répété cela mille fois en voyant Calpurnie développer ses graces enivrantes ; je me suis efforcé de raisonner sur la nature et la source du sentiment que j'éprouvais, pour en arrêter l'effet : cela me réussit pour un instant, et, la minute d'après, tous mes calculs cèdent au pouvoir de ses charmes. Je commence à être très mécontent de moi-même ; j'ai la conviction intime que Calpurnie ne pourrait me rendre heureux, et, malgré cette persuasion... j'ai cessé de condamner Tiridate de n'avoir pu résister à l'empire de la

beauté, de manquer de force ou de volonté...
De volonté ! me manquerait-elle donc ? Non,
Phocion, je dois à cet égard me rendre justice ;
oui, je veux résister, j'espère y parvenir. Si cette
volonté positive, si ma raison, si mes principes
ne me suffisent pas, la fuite du moins produira
l'effet désiré.

Calpurnie a donné, ces jours passés, une
preuve qu'elle est non-seulement une aimable
amie, mais qu'elle sait exécuter avec persévérance ce que son cœur sensible lui dicte au premier moment. Sulpicie était malade à Baies ; des
désagrémens domestiques, la mauvaise saison,
et bien plus encore, la malheureuse passion
qui la consume, avaient ébranlé sa santé ; elle
craignait d'entreprendre le voyage, accompagnée
seulement de ses esclaves ; Serranus, incommodé
lui-même, ne pouvait aller la chercher, Calpurnie s'est décidée à ne pas abandonner son
amie. A force de prières, elle a obtenu de son
père la permission de se rendre à Baies, accompagnée d'un vieil affranchi ; elle est partie par un
temps affreux, voyageant jour et nuit pour arriver
plus tôt. Le lendemain, elle s'est mise en route avec
Sulpicie pour revenir à Rome à petites journées.

J'étais présent lors de leur arrivée ; Tiridate
qui avait perdu l'espoir de revoir Sulpicie avant

son départ, l'attendait avec une extrême impatience, une vive inquiétude : elles entrèrent. Phocion, quel pouvoir peut se mesurer avec celui de l'amour? Dispense-moi de te faire un récit de l'entrevue de ces malheureux amans, de leur ivresse, de leurs peines, de leur bonheur, de leur désespoir; il faut qu'ils se séparent, et leur avenir est dans une obscurité profonde. J'étais ému de cette scène, du dévouement de Calpurnie... Mais je veux résister à tant d'enchantement, je le veux et j'espère le pouvoir : j'appelle aussi à mon secours cet objet idéal et céleste, ma Larissa, qui m'apparaît plus souvent encore depuis que je vois Calpurnie; je l'ai là devant les yeux, soit que je dorme ou que je veille; cette flamme si pure doit éteindre tout désir coupable; elle éclaire ma volonté, elle double ma force : quoique j'aie perdu tout espoir de la revoir jamais, je ne puis cependant m'empêcher de demander sans cesse au destin de nous réunir, et de penser que cela n'est pas impossible. C'est encore un de ces contrastes qui me tourmentent et me font rougir de moi-même. Mon esprit ne sera-t-il donc jamais tranquille? Mon ame doit-elle être continuellement agitée par les combats que se livrent des penchans opposés? Souvent je me console par l'espérance que, lorsque j'aurai quelques années de plus, la raison, le sang-froid, la philosophie produiront en moi ce calme, cette paix que je ne puis à présent obtenir de moi-même; quelquefois aussi il m'arrive de croire qu'une mort prématurée terminera les combats qui m'oppressent, et me donnera bien plus sûrement encore le calme et la paix. A dire vrai, je n'en serais pas fâché; la vie ne m'offre plus rien qui me tente, je puis sans orgueil, sans prétention, dire comme un sage : Je n'obéis pas aux Dieux, mais je suis de leur avis s'ils ordonnent que je finisse bientôt.

Dans le fond, qu'est-ce que la vie, Phocion ? Elle a certainement un but souvent ignoré par nous-mêmes. Nous naissons, parce que, dans les grandes vues de la création, nous avons quelque chose à faire, à empêcher : cette tâche est-elle achevée, nous cessons d'exister : il n'y a aucune règle fixe, aucun âge prescrit; le destin place l'instrument à sa volonté, dans le temps qui lui convient, le fait agir suivant les circonstances, et sa destination une fois remplie, il brise cet instrument inutile. Mais où allons-nous après cette courte vie? N'y aurait-il aucune différence entre le sort d'une plante, d'un animal et celui d'un être capable de penser et de prévoir? Je ne puis le croire, mais voilà tout ; le reste est un

mystère imposant qu'aucun mortel ne peut découvrir. Le Tartare, l'Élysée sont un système
suffisant pour ceux qui ne portent pas leurs pensées
plus haut, et sans doute il doit nous être sacré;
mais, Phocion, ne serait-ce pas l'idée la plus
douce, la plus sublime, l a plus consolante, que
d'espérer de retrouver dans un lieu de paix et de
félicité ceux qu'on a aimés sur cette terre? Heureux celui qui peut le croire aveuglément et sans
le moindre doute ! J'y retrouverai donc ma chère
Larissa ! O qu'il serait affreux de renoncer à cet
espoir, et de ne trouver, ni à l'école des philosophes, ni dans leur écrits, la moindre certitude
de cet avenir! En présentant des doutes sur l'É-
lysée, ils n'offrent aucun dédommagement. Il
est à la fois curieux et triste de connaître ce que
la plupart des hommes célèbres ont dit sur la vie
future. Adrien croit rencontrer son amie dans des
lieux inconnus et sombres, où il n'y aura ni
peines ni plaisirs. Achille, comme nous le dit
Homère, aimait mieux être un pauvre ouvrier
sur cette terre, qu'un roi dans le séjour des ténèbres. Mécène consentait à être sur la croix et
souffrir les douleurs les plus cuisantes ici-bas,
plutôt qu'à mourir pour renaître et vivre dans un
pays inconnu. Ah ! Phocion , quelle terrible
idée ces hommes se faisaient-ils donc de leur

existence après la mort? Ah! qui pourra m'é-
clairer sur un objet aussi important? Le sommeil que nous nommons si souvent l'image de
la mort, le serait-il en effet? l'oubli total de soi-
même et de tout, le néant serait-il notre partage? peut-il adoucir l'effrayante idée de notre
destruction? Cette seule pensée fait trembler
l'être spirituel qui sent en lui le principe d'une
vie immortelle. Platon a de hautes idées, mais
elles ne contentent pas : son Phédon ne saurait
tranquilliser tout-à-fait l'incrédule. Les stoïciens
et tous les autres philosophes ne nous offrent
que des suppositions. Quand viendra-t-il celui
qui nous montrera le chemin de la vérité, qui
pourra tout à la fois affranchir l'esprit de ses
doutes cruels, satisfaire la raison et le jugement,
relever par un espoir consolant l'ame abattue, et
avant tout, mettre un frein au peuple grossier,
le retenir dans le devoir par le respect, l'espoir
et la crainte? N'est-il pas affreux de voir les progrès de l'incrédulité, le mépris pour les Dieux et
leur culte, non-seulement dans les premières
classes des habitans de Rome, mais aussi dans
celles du peuple? Cette ancienne doctrine de la
pluralité des Dieux, ne possède plus la magie inconcevable avec laquelle elle a su se maintenir et
imposer aux hommes pendant des siècles :

l'homme actuel, raffiné comme il l'est, a besoin d'un lien plus fort, d'idées plus raisonnables, soit de la divinité, soit du but qu'il doit atteindre. Il est impossible de rester indifférent sur les suites que l'anéantissement de toute religion doit amener immanquablement; l'avenir me paraît effrayant, je tremble pour nos descendans plus encore que pour nous; je ne puis me rendre maître de ces craintes qui viennnent m'assaillir et dont je souffre doublement; c'est le sort malheureux de ceux qui, tourmentés, ainsi que moi, par leur imagination, souffrent et des maux qu'ils ont, et de ceux qu'ils prévoient; pour qui enfin le présent n'a plus de charmes, l'avenir plus d'espérances. Plains-moi, Phocion, et ne prive pas un malheureux visionnaire de ton indulgente amitié.

LETTRE X.

SULPICIE A CALPURNIE.

Rome, mars 301.

Tu n'auras pas ma visite accoutumée, chère Calpurnie: une lettre me remplacera. Malgré le peu de distance qui nous sépare, je serai privée du bonheur de te voir. Des cruels, des insensibles, à la tête desquels est Serranus, pourquoi suis-je obligée d'ajouter mon père, en ordonnent ainsi. Novius, ce misérable affranchi qui a laissé dégrader notre villa, se venge par d'infâmes calomnies de ce que j'ai découvert ses malversations ; il a instruit mon père et Serranus de ma liaison avec Tiridate : pour regaguer les faveurs de son maître, il a tout employé pour faire paraître cette liaison sous le jour le plus désavantageux ; il nous a prêté des crimes, une conduite digne de son ame basse ; mais dont nous sommes tous les deux incapables : nous nous aimons, il est vrai, mais sans avoir à rougir ; car la base de notre amour est une estime réciproque, et l'un de nous ne pourrait cesser de la mériter sans cesser aussi d'être aimé. Que ce vil affranchi soit instruit de nos plans pour l'avenir, de tout ce que nous avons décidé entre Tiridate et moi pour légitimer un jour nos sentimens, voilà ce qui me paraît incompréhensible ! Mon père est furieux : l'idée d'un divorce avec l'époux qu'il m'a donné, et d'une alliance avec un prince barbare, il nomme ainsi Tiridate, selon les préjugés de Rome, lui fait oublier et les malheurs de sa fille qu'il a daigné plaindre souvent, et sa tendresse paternelle. Je te l'assure, Calpurnie, malgré mon désespoir, je supporterais sans murmures ses reproches, ses injustices, si je n'en voyais pas le vrai motif. La famille des Anicius est puissante, leur influence à la cour est très grande; mon père est ambitieux, il a trois fils placés à la cour, le crédit de Serranus peut leur être utile; déja je fus sacrifiée à leurs projets, je dois l'être toute ma vie; cette idée me révolte, et rend ma situation plus cruelle en excitant contre moi la tyrannie de ces hommes avides. Le faible et léger Serranus n'oserait certainement pas m'accabler de reproches et d'injustices, s'il n'était excité, soutenu par mon père; il me tourmente sans relâche, tantôt par des injures, des menaces, tantôt par ses plaintes, ses remords et son amour. *Son amour!* Calpurnie, quelle indignation j'éprouve lorsque j'entends prononcer ce mot sublime et sacré par un être aussi incapable de l'éprouver que de l'inspirer, qui le prodigue sans cesse à des femmes, la honte de leur sexe! Ces tourmens durent depuis huit jours. Dans les commencemens, je les ai endurés sans me plaindre de la part d'un époux qui pouvait se croire outragé par ma passion pour un autre, quelque pure qu'elle soit; mais actuellement mon état n'est plus supportable : toutes mes actions, tous mes mouvemens sont épiés par mes esclaves; je suis traitée par **eux** comme un enfant rebelle. Je rougis de t'avouer qu'il m'est défendu de sortir seule et de te voir; on te regarde comme ma complice; on sait que tu es la confidente de Tiridate, la mienne, et l'on nous croit capables tous les trois de choses que la bienséance et ma propre estime me défendent de répéter; on m'a déclaré durement que je ne te verrais plus seule un instant. Lucia, la nourrice de Serranus, ou Serranus lui-même, doivent m'accompagner partout où j'irai. Depuis qu'on m'a imposé cette contrainte, je ne suis pas sortie de mon appartement. Je reconnais dans cette rigueur l'esprit indomptable de mon père : il rougirait, dit-il, de voir sa fille l'épouse d'un prince étranger, et il n'a pas honte d'abaisser son enfant, de le déshonorer aux yeux de ses esclaves ! Sens-tu, Calpurnie, combien je suis malheureuse et abandonnée ? Tiridate est loin de moi, il m'est défendu de te voir; je suis seule, sans secours, à la merci de mes tyrans : Dieux ! donnez-moi la force de la résignation, ou celle de briser mes chaînes.

LETTRE XI.

AGATHOCLÈS A PHOCION.

Rome, mars 301.

CETTE lettre sera la dernière que je t'écrirai de Rome ; sous peu je quitte cette ville pour faire la campagne ; je vais aux lieux vers lesquels la terre entière a tourné ses regards, servir la cause de Tiridate. Ne me taxe pas de légèreté dans mes opinions, en me voyant prendre un état déchu de sa dignité, et contre lequel je me suis si fortement prononcé. J'ai besoin d'être occupé ; il me faut une vie active, des devoirs obligés ; dans ma situation, l'oisiveté dans laquelle je me plaisais deviendrait un poison pour mon ame. Calpurnie est trop aimable et trop légère ; il est impossible de vivre auprès d'elle sans l'adorer, et plus impossible encore de la posséder et d'être heureux : plus je me sens entraîné vers elle, plus je suis convaincu que nous ne nous convenons pas. Je dois donc, pour elle, pour moi-même, détruire cette magie, et je ne puis y parvenir que par l'éloignement ; la guerre qui se prépare m'en fournit l'occasion ; elle m'inspire moins de répugnance que les précédentes. Il ne s'agit pas de nouvelles conquêtes : un souverain légitime doit reconquérir sa couronne à main armée, et venger dans le sang des barbares la honte du passé : c'est ainsi que le but ennoblit l'action. Je ne rougis point d'y concourir et d'employer mes forces, mon courage pour une aussi noble entreprise.

Tiridate s'est rendu à Milan auprès d'Auguste Maximien ; je le suivrai dans peu, nous nous embarquerons à Ravenne, et j'espère me trouver à Nicomédie dans une quinzaine de jours. Mon père me mande que tu n'y es plus ; j'en ai éprouvé un bien vif chagrin. Appelé à l'académie d'Athènes, tu quittes ma ville natale au moment où mon destin m'y ramène : quel plaisir je me faisais de t'y retrouver ! Les Dieux en ont ordonné autrement, il faut supporter cette nouvelle épreuve comme toutes celles dont ma jeunesse fut entourée. Mon père m'a écrit avec amitié, avec bonté ; il ne m'y avait pas accoutumé ; je sens avec la plus tendre reconnaissance, cher Phocion, qu'à toi seul je dois cet heureux changement ; tu me laisses en partant un présent bien doux, bien cher à mon cœur. J'espère que mon père sera aussi content de moi; je lui ai parlé de mon projet de faire la campagne, en le priant de m'accorder son aveu ; comme il désire depuis

long-temps me voir lancé dans une carrière quelconque, je suis bien sûr de l'obtenir. Si cette
lettre te trouve encore chez lui, exprime-lui ma
reconnaissance filiale, et dis-lui qu'incessamment
je le ferai moi-même. Adieu, cher Phocion, je
suis occupé des préparatifs de mon départ, je ne
puis prolonger ma lettre.

LETTRE XII.

CALPURNIE A SULPICIE.

Rome, mars 301.

Pour la première fois de ma vie, j'ai de la peine
à t'écrire à force d'avoir pleuré, je suis accablée
par une nuit dont à peine je pouvais atteindre
la fin ; mais je veux répondre à la lettre que ta
fidèle Chromis m'a remise en secret. J'ai besoin,
mon amie, de m'affliger avec toi de tes peines,
et de te parler des miennes. Et par qui sommes-
nous malheureuses toutes deux ? par l'influence
de ces hommes méchans, cruels, ingrats, qui
semblent nés exprès pour nous tourmenter également par leurs vices ou par leurs vertus. Sois convaincue, Sulpicie, que je souffre pour toi et
avec toi. La perspective de perdre un ami

dont les qualités m'ont éblouie un moment, me prouve assez ce qu'est la perte d'un amant dont on est adorée : Agathoclès va partir ; tu vas être surprise de cette résolution soudaine et inattendue, sans aucune raison plausible. La chaleur avec laquelle il a embrassé la cause de son ami Tiridate devient si brûlante, son devoir de se conformer aux désirs de son père si impérieux, qu'il se décide à l'instant à faire la guerre contre les Perses. Lui, dont les opinions, le caractère sont aussi contraires à un état qu'il appelle *servile* ; lui, presque toujours opposé aux avis de son père, n'a rien de plus pressé que de tout quitter pour s'éloigner d'une ville où *rien au monde*, dit-il ne pourrait le retenir. Ah ! Il a raison, bien raison ! et ceux qui s'affligeraient de son départ auraient grand tort. Je sais, je conçois que je dois parler ainsi, et cependant, Sulpicie, combien j'ai honte de ma faiblesse ! Lorsqu'il vint hier m'annoncer son départ, je fus hors d'état de lui répondre : j'étais prête à défaillir, mon sang paraissait arrêté dans mon cœur qui battait avec violence ; je sentais que la pâleur de mon visage devait trahir l'agitation de mon ame. Et lui, Sulpicie, oh ! combien j'avois honte de mon peu d'empire sur moi ! lui, paraissait calme, résigné comme quelqu'un que sa volonté seule a décidé. Que j'aurais été méprisable à mes propres yeux, si la vue de cette tranquillité parfaite et vraiment incroyable n'avait pas réveillé ma fierté ! Je repris peu à peu tout mon courage, et, quelques minutes me suffirent pour pouvoir lui répondre comme à l'ordinaire, sur un ton léger et badin : avec adresse je dirigeai la conversation sur des sujets indifférens, sur les apprêts de son départ, etc. Mon père, mes frères étaient présens : il me fut donc facile de quitter l'appartement et de rentrer chez moi pour donner un libre cours à mes tristes réflexions. J'aurais donné tout au monde pour laisser couler les larmes de chagrin, de dépit dont mon cœur et mes yeux étaient pleins, mais je les retins avec effort : l'heure du souper était proche, je ne voulais pas qu'Agathoclès en vît les traces. J'employai donc le peu de momens qui me restaient à me mettre dans l'attitude où je voulais être, et je retournai dans la salle à manger. Le départ d'Agathoclès fut le sujet général de la conversation ; mon père et mes frères en sont extrêmement affligés ; je pris sur moi autant qu'il me fut possible, et je fus étonnée de mon courage ; personne n'était sûrement plus affligé, et je parus calme, tranquille, indifférente, même plus que lui, et c'est beaucoup dire ! O

Sulpicie ! combien ces hommes, si vains de leur courage, sont plus faibles que nous ! Ils n'attachent de prix qu'à ce qu'on leur refuse. Je vis clairement qu'Agatoclès, à mesure que je m'animais, devenait silencieux, pensif, sa mauvaise humeur se manifesta en proportion de ma gaîté. Quelque chose d'assez ressemblant au mépris s'éleva dans mon cœur et doubla mes forces, en sorte qu'à la fin du repas j'avais complètement changé de rôle avec lui : nous nous séparâmes, moi en plaisantant, lui avec une froideur affectée ; je rentrai dans mon appartement. J'y étais à peine, lorsque Chromis entra et me remit ta lettre ; je la lus ; elle me fit répandre des larmes avec une telle abondance, que ce fut vers le matin seulement qu'il me fut possible de fermer les yeux. Ta situation, la mienne, les chagrins que nous avons déja, ceux qui nous attendent encore, pesèrent sur mon cœur d'une manière insupportable. Les hommes tourmentent donc toujours notre vie, soit qu'ils nous aiment ou nous haïssent ; mais conviens, Sulpicie, que dans le premier cas on est bien moins malheureuse ; tu souffres, il est vrai, mais ton amant t'adore ; Serranus t'aime autant qu'il peut aimer ; ton père, quoiqu'il te paraisse dur et sévère, te chérit ; et moi, Sulpicie, moi, mon père m'aime

aussi ; mais... Agathoclès... oserai-je en dire autant, et le puis-je ? Cent fois j'ai lu dans ses yeux
l'aveu de son amour, les mots entrecoupés qu'il
prononçait ne me laissaient aucun doute ; cependant il part, avec une tranquillité philosophique,
il torture mon cœur sans aucune pitié, sans se
douter peut-être de ce qu'il fait souffrir à une
femme sensible... oui, Sulpicie, trop, beaucoup
trop sensible, cent fois plus que ne le mérite une
conduite si dénuée de sentiment, de délicatesse :
et quelle en est la cause ? une orgueilleuse philosophie qui doit le préserver d'être victime des
passions, et lui faire garder une félicité ridicule
pour une beauté idéale d'enfance qu'il ne reverra
jamais ou qu'il retrouverait si différente de sa
chimère, qu'il lui serait impossible de la reconnaître. Quoi qu'il en soit, il suit son plan sans
s'embarrasser de ceux qui ont la folie de s'intéresser à son sort, et qui ne s'apercevront que
trop de son absence ; il ne songe pas à leur
chagrin : il lui convient de partir... Qu'il parte,
il ne me verra pas du moins verser de larmes.
Non, Sulpicie, ce censeur sévère ne doit pas
jouir de ce triomphe ; je veux paraître gaie, conserver toute ma sérénité ; je veux rire même
lorsque je le verrai s'élancer sur son cheval pour
s'éloigner de ceux qui l'aimaient ; oui, je le jure,

ma chère Sulpicie, oui, je le ferai ; il ne mérite pas que j'agisse autrement.

Remarque, Sulpicie, le pouvoir que l'orgueil et le dépit ont sur l'ame. Quand j'ai commencé à t'écrire, j'étais inondée de larmes, j'avais peine à les empêcher de couler sur ce papier ; à présent elles sont taries; je ne pleure plus, parce que je suis en colère, et je trouve dans mon courroux un soutien contre la faiblesse de mon cœur. Que l'on ne dise pas de mal du courroux : c'est un sentiment noble, héroïque, qui élève l'ame, tient la douleur en équilibre, nous fortifie lorsque nous craignons de succomber. Je te promets que notre amitié saura bien aussi triompher de tes deux tyrans, et qu'ils ne viendront pas à bout de nous séparer ; nous nous verrons bientôt tout à notre aise, sois-en sûre. Adieu, ma chère Sulpicie; ne te laisse pas abattre.

LETTRE XIII.

SULPICIE A TIRIDATE.

Rome, mars 3o1.

QUELLE solitude affreuse! cher Tiridate ; tu m'as quittée, je crois être seule dans l'immensité du monde. Ah ! je suis bien seule en effet dans cette demeure où je ne te verrai plus, n'ayant pas une pensée consolante, pas un espoir auquel je puisse m'attacher ; les souvenirs même de mon bonheur passé sont autant de pointes acérées qui viennent déchirer mon cœur. Qui sait même si le bien de t'écrire, le seul qui me reste, ne me sera pas bientôt enlevé ? Je suis sans cesse entourée, observée par des yeux d'argus avec toute la cruauté de la vanité blessée. Nos relations ont été dévoilées à Serranus, à mon père par l'esclave Novius, et de la manière la plus fausse, la plus abominable : cet homme vil s'est ainsi vengé de ce que j'avais découvert ses déprédations. Je supporte tout ce que la dureté la plus accablante, la jalousie la plus animée peuvent inventer pour me faire souffrir : on a voulu me séparer de Calpurnie ; sa fidèle amitié, son adresse ont su prévenir ce malheur. Elle a demandé un entretien à Serranus, son esprit, ses graces si séduisantes, l'ont gagné. Son nom, l'influence de son père inspirent au mien un profond respect, et l'on n'ose plus s'opposer à ce qu'elle me voie. Je ne m'abuse pas cependant sur les soupçons, la défiance dont on nous entoure, rarement on nous laisse seules. A peine est-elle entrée dans mon appartement, que, sous quelque prétextes, elle est bientôt suivie par un des membres de la famille ; souvent aussi on nous laisse en apparence en liberté , et quelque bruit dans l'appartement contigu me prouve qu'on est aux écoutes. O mon ami ! combien cette conduite est indigne et méprisable ! combien même elle est impolitique ! Je n'ai jamais aimé ni même estimé Serranus, mais il justifie trop bien mon indifférence et mon mépris ; je sais qu'il peut dire de même que notre attachement justifie sa défiance et ses précautions. Tiridate, toujours je t'aurais aimé , quel qu'eût été mon sort : je fus entraînée dès le premier instant par un charme inconnu, indéfinissable , et dont j'aurais voulu en vain me défendre ; le cœur de Sulpicie était formé pour le tien : mais , j'en jure par cet amour même, toujours tu l'aurais ignoré si Serranus avait mérité , je ne dis pas ma tendresse , mais seulement mon estime. On cherche à s'emparer de mes lettres ; celles même de Calpurnie ne peuvent me parvenir que par mille détours : si je la vois seule une minute , je lui donnerai celle-ci pour te la faire parvenir. O Dieux ! est-ce donc Sulpicie, l'amie de Tiridate, qu'on force à s'abaisser à de tels moyens ?

Je suis excessivement malheureuse , ma vie ressemble à une nuit obscure ; mon plus ardent désir serait, je te l'avoue, de m'endormir pour l'éternité, si je ne dois plus te voir ici-bas. Tiridate, dis-moi, pourquoi ai-je été appelée à te connaître ? pourquoi étais-tu destiné à troubler à jamais le calme, l'indifférence de mon cœur, à égarer cette raison dont j'étais si fière ? pourquoi viens-tu réaliser cette perfection idéale qui m'apparaissait parfois comme un songe, toi qui par ta naissance, ta patrie, devais m'être à jamais étranger ? quel plaisir peut trouver le sort d'avoir fait naître en Arménie et à Rome deux cœurs formés l'un pour l'autre, de les réunir un instant pour les séparer ensuite avec cruauté ? Mais non, je ne veux pas me plaindre, je t'ai trouvé, je t'ai aimé, aucune puissance sur la terre ne peut m'ôter ce bonheur ; et lors même que ce bonheur sans égal devrait être suivi d'un malheur éternel, je ne pourrais ni le regretter ni m'en plaindre.

Tout espoir serait-il donc perdu ? ne nous reverrons nous qu'après notre triste et pénible existence terrestre ? Tiridate, aie pitié de ma faiblesse : par momens mon cœur, abîmé de ses peines, repousse l'espérance et la possibilité du bonheur, il trouve même une espèce de satisfaction à ses maux : alors je crois avoir épuisé la coupe du malheur ; ma vie et ce qui doit arriver encore, sont aussi loin de moi que le jour qui vient de s'écouler; l'avenir est anéanti, je ne crains rien, je n'espère rien, pas même la mort; je ne sens que le malheur d'être séparée de toi.

Mais pendant que je souffre, quelle est ta destinée? Peut-être le vaisseau qui t'emporte loin de moi est-il battu par les élémens; peut-être la foudre le frappe-t-elle; je le vois s'enflammer, disparaître, et Tiridate est à jamais perdu pour moi. Dans d'autres momens je te vois au milieu des combats; un dard ennemi perce ce cœur qui m'appartient; ce cœur dont l'existence est le seul but de la mienne. Que dois-je donc faire sur cette terre? Ah! laisse-moi te suivre, laisse-moi descendre avec toi dans le séjour des morts et ne plus te quitter... Ne plus te quitter! sort digne d'envie! être sans cesse avec toi, près de toi, et, lorsque le trépas nous séparera un instant, nous retrouver bientôt dans cet Elysée où les amans fidèles et malheureux seront réunis pour jamais!

Ecris-moi bientôt, Tiridate, arrache-moi à ces craintes qui touchent au désespoir; dis-moi seulement que tu vis, que je puis espérer de te revoir encore, et je pourrai tout supporter; c'est tout ce que tu peux faire pour conserver les jours de ta Sulpicie.

Agathoclès nous a aussi quittés; il s'est hâté
de partir pour s'embarquer avec toi; je m'aperçois douloureusement de son absence; je m'afflige
de ne plus jouir de son active et véritable amitié;
mais c'est à toi, Tiridate, qu'il la consacre à
présent, et il m'en devient plus cher. Nous ne
pensions pas toujours de même; l'austère sévérité de ses principes qui n'accorde rien au pouvoir de la passion, m'a souvent effrayée; mais il
n'en est pas moins sensible, et tout en nous blâ-
mant peut-être, il lui suffisait de me savoir aimée
de son ami pour me l'attacher. Il est doué de
qualités sublimes, cependant je crains qu'il ne
soit jamais heureux: ses principes ne sont pas
assez en harmonie avec ceux du temps présent;
il rencontrera peu ou point de cœurs à l'unisson
du sien. Je suis persuadée que Calpurnie a fait
une forte impression sur lui, cependant il ne s'est
pas permis d'y céder, il s'éloigne d'elle avec un
courage stoïque : les Dieux savent seuls pourquoi il combat avec autant de force ce sentiment;
il était facile de voir, malgré ses efforts, avec
quelle peine il lui résistait. Il est singulier d'ob-
server comment Calpurnie et lui atteignent le
même but avec des moyens si différens : chez lui,
c'est la force d'esprit, la fermeté de principes;
chez elle, la légèreté de caractère et une gaîté

inépuisable qui les préservent d'une passion vio-
lente à laquelle le cœur sensible de Calpurnie la
porterait volontiers. Heureuse Calpurnie! elle
ne connaîtra jamais les tourmens que j'éprouve.
Cependant elle aime Agathoclès plus fortement
que je ne la croyais capable d'aimer, mais sa
fierté la soutient contre un sentiment trop tendre. Elle n'a pas eu l'air de remarquer ses efforts
pour s'éloigner d'elle; mais lorsqu'il a été parti,
elle a versé dans mon sein des larmes amères :
jamais je ne l'avais vue dans cet état. Trois jours
après, elle est venue chez moi; ses pleurs coulaient encore chaque fois que le nom d'Agathoclès était prononcé; mais elle espère que le temps
et la distraction effaceront cette impression trop
forte. Oh! qu'il est faible le sentiment qui voit
déja la guérison en perspective après trois jours
de douleur! Heureuse, disais-je... ah! comme
je mens à mon propre cœur! dois-je, puis-je lui
envier ce froid bonheur? Non, Tiridate, j'en
suis incapable; non, je t'aime trop vivement,
trop passionnément, pour regretter les maux que
cet amour me cause, pour envier de bonne foi
l'indifférence de ma légère amie : dussé-je mourir de ma douleur, je ne veux pas t'oublier. Tu
sais que tes lettres sont mon unique consolation,
la seule lumière qui puisse éclairer la nuit pro-

fonde qui m'entoure; écris-moi souvent, parle-
moi de toi, de toi seul; que je connaisse tes
pensées, tes désirs, tes projets, tes actions,
toute ton existence, enfin, devenue la mienne :
songe à tout ce que tes lettres doivent remplacer; de combien de peines elles doivent me dédommager, et ne laisse pas dans le désespoir ta
pauvre Sulpicie.

LETTRE XIV.

AGATHOCLÈS A PHOCION.

Nicomédie, mai 301.

APRÈS un voyage en mer assez pénible et
très dangereux, en proie aux vents, aux tem-
pêtes, nous débarquâmes ici, Tiridate et moi,
il y a huit jours. O charme puissant de la patrie!
comme tu fais palpiter mon cœur! quel bonheur
de revoir après un long éloignement le lieu de sa
naissance! Après une traversée aussi dangereuse,
me diras-tu peut-être, chaque rivage nous aurait paru désirable; non, Phocion, il n'en est
point ainsi; l'émotion que j'éprouvais n'était
point celle d'échapper à un danger. A la vue de
ces campagnes que je parcourais dans mon jeune

âge, de cette grève où si souvent je fus couché
pendant des heures entières à regarder la vague
se briser à mes pieds, l'immensité des mers se
déployer à mes yeux, mon ame se remplit de
mille sentimens impossibles à décrire. J'eus bien·
tôt découvert dans la foule des bâtimens élevés
en amphithéâtre la maison paternelle et ces jardins qui rappelaient tant de choses à mon cœur
oppressé; je me sentis comme électrisé; mille
souvenirs amers et doux se présentaient à ma
pensée, j'en étais si ému que j'avais peine à res-
pirer; mais quelques larmes involontaires, que
je ne cherchais pas à retenir, vinrent me soulager. Tiridate aussi, quoique bien éloigné de sa
patrie, ne fut guère moins saisi que moi en con-
templant ces côtes de l'Asie, théâtre des grands
évènemens qui vont se passer : nous nous em-
brassâmes, et dans cet instant solennel, nous
jurâmes saintement d'être fidèles à l'amitié, à la
vertu. Dans ces dispositions, nous débarquâmes
et nous nous rendîmes dans la maison de mon
père. Il vint à notre rencontre avec bien plus
d'aménité que je ne m'y attendais ; la présence
du prince d'Arménie, favori des deux Césars,
m'a sans doute valu cet accueil, et a paru lui
faire grand plaisir. Pour moi, sans me laisser
aller à aucune réflexion; j'ai joui du bonheur de

revoir mon père, plus tendre, plus prévenant que je ne l'avais vu depuis long-temps. Cette journée fut heureuse pour moi; celle du lendemain ne le fut pas autant : mon père désira me présenter à Dioclétien; Tiridate approuva son idée, et trouva la chose même nécessaire. Ah, Phocion! quelle répugnance j'éprouvais à faire une cour basse et servile! que de fois il fallut envoyer demander, supplier que l'on daignât nous recevoir! comme mon père était occupé du soin puéril de notre habillement d'étiquette! Enfin, lorsque tout fut arrangé convenablement, nous nous acheminâmes, richement vêtus, accompagnés de quatre esclaves, pour nous rendre au palais : je rougissais de honte et de dépit; je croyais lire sur la physionomie des passans le mépris que nous leur inspirions. Tiridate était infiniment plus résigné que moi. Accoutumé aux usages orientaux, il ne faisait que plaisanter sur lui-même et sur nous. Nous arrivâmes, et traversâmes d'abord une longue file d'appartemens somptueux et décorés dans le goût asiatique; puis l'on nous fit attendre dans un salon parmi une foule d'esclaves et de courtisans. Attendre, Phocion, trois mortelles heures! et à la quatrième, on nous renvoya chez nous sans avoir obtenu audience : le superbe Auguste n'avait pas jugé à propos de nous voir. Sur l'ordre positif de mon père, et pour ne pas troubler l'harmonie apparente qui règne entre lui et moi, je me décidai le lendemain à renouveler la tentative humiliante de la veille : cette fois je dus à Tiridate d'être reçu aussitôt. Ah, Phocion! dispense-moi de te dépeindre mes sensations; toi qui as formé mon cœur, tu le connais comme moi-même, et tout ce que me fit éprouver la présence de Dioclétien... Je ne pus m'empêcher d'admirer des talens et un génie tels que ceux que possède ce prince; je ne lui refuse point la reconnaissance qu'on lui doit pour la tranquillité dont l'humanité jouit depuis son règne; mais... mais la couronne dont son front est ceint, et le trône élevé sur lequel il était placé, fermèrent mon cœur et mes lèvres : mon père prit la parole, me présenta et sollicita pour moi une place dans les troupes. Je laissai tout dire sans proférer un seul mot; que Dioclétien m'envisage comme un imbécille, ou comme un rebelle, que m'importe? Il m'a nommé cependant centurion; après-demain je pars pour l'armée avec Tiridate. La terre brûle ici sous mes pieds; quoique je sois peu accoutumé à la vie et aux usages des camps, je me trouverai en liberté lorsque j'aurai quitté ce séjour où tout me déplaît, par ce qu'il est actuellement, par les souvenirs du passé, par ceux de ma Larissa.

Sisenna Statilius a revendu la maison qui touche à la nôtre; un riche citoyen l'a achetée; bien des choses y sont encore exactement comme elles étaient il y a huit ans; j'en ai éprouvé du plaisir et de la peine. Je m'informai du propriétaire précédent, de Timantias, mais à peine s'en souvient-on; cependant quelques-uns prétendent avoir ouï dire que Timantias avait vécu inconnu en Syrie, sous un nom supposé, et qu'il est mort depuis quelques années, Ses fils sont dispersés et l'on ignore leur destinée; sa fille... ô Phocion ! comme mon cœur était agité ! elle doit s'être mariée... Mariée ! je suis donc oublié ! puis-je lui en vouloir ! Cependant cette idée déchire mon cœur. Peut-être est-elle aussi déja dans le séjour des bienheureux... Ah ! je ne sais laquelle de ces deux idées renferme le plus de tourmens : l'espoir de la retrouver est perdu sans retour, et jamais aucune femme ne la remplacera dans mon cœur, pas même la trop séduisante Calpurnie. Je me suis séparé de cette dernière, ne sachant ni comment la définir ni que penser d'elle. Quand je lui annonçai mon départ, elle ne parut ni émue, ni peinée comme un amie aurait dû l'être, mais blessée et irritée ; sa vanité

souffrait de voir un esclave qu'elle croyait en-
chaîné pour jamais à son char de triomphe;
essayer de reprendre un moment de liberté,
pour elle chose inouïe, impardonnable; elle voulut me punir de cette rébellion en m'accablant
de son indifférence, de sa gaîté; et, jusqu'à mon
départ, elle a soutenu ce rôle. J'ai été frappé
bien péniblement de la découverte que je venais
de faire de son caractère vain et peu sensible;
elle, formée par la nature pour être au-dessus
de tout son sexe, si son amour-propre et la vanité ne fermaient son cœur à l'amitié!.. Ah,
Phocion! j'ai connu une femme qui ne respirait
qu'amitié, amour, modestie, humilité, oubli
d'elle-même... une seule... et où est-elle maintenant? Lorsque je fis mes adieux à Calpurnie,
il me parut cependant qu'elle tâchait de se surmonter et de me traiter avec intérêt et sensibilité : nous nous sommes promis de nous écrire.
Le souvenir de sa beauté et de son amabilité me
suivra comme celui d'une journée passée dans la
joie ; mais je puis assurer à présent qu'elle est
sans le moindre danger pour ma liberté; nous
ne nous ressemblons pas assez pour nous aimer :
les Dieux veuillent la protéger, lui donner un
époux digne d'elle, un époux qui sente tout ce
qu'elle vaut, lui voue un amour constant, un

culte continuel et une soumission parfaite! Il me reste si peu d'instans pour faire les apprêts de mon voyage, que je ne puis t'écrire plus long-temps. Adieu, pense à moi.

LETTRE XV.

CALPURNIE A SULPICIE.

Rome, mai 301.

Je ne puis sortir de quelques jours; mon père est indisposé, mais mon fidèle Phædo te remettra cette lettre; elle en renferme une qui te fera plus de plaisir que la mienne, et je ne veux pas la retarder; je n'en suis ni surprise, ni jalouse : l'amour, je le sais bien, marche toujours avant l'amitié. Pour moi, je suis assez heureuse, ou assez malheureuse (comme tu le voudras), pour que toutes les lettres qui me sont adressées me parviennent librement sans avoir besoin du secours d'une bonne amie, et sont d'une nature, d'un style à ce que le monde entier puisse les lire. Cette lettre de Tiridate était incluse dans celle qu'Agathoclès m'écrit de Nicomédie, toute remplie de remercîmens très bien tournés, pour les bontés qu'il a reçues dans notre maison; il me parle de son voyage, me donne des nouvelles de Tiridate, mais ne dit pas un mot de votre liaison; il me charge de te saluer, ainsi que tous ses amis, etc., etc. Enfin, c'est une lettre que je pourrais faire placarder au Forum.

C'est donc ainsi qu'Agathoclès m'écrit! il n'a donc rien de particulier à me dire! Tout dans sa lettre annonce, prouve la parfaite tranquillité de son cœur, et m'assure que tout ce qui a semblé l'émouvoir a glissé sur son ame sans y laisser la moindre trace. Il faut te l'avouer, Sulpicie, j'en ai été surprise et blessée; mon indigne cœur battait bien fort en ouvrant cette lettre, mais bientôt il n'a plus été agité que par la colère ; pas un mot de reproche sur ma gaîté des derniers jours, pas un qui décèle un dépit mal caché; des phrases simplement polies, ah! très polies, sur le regret de m'avoir quittée. Bien, fort bien, Agathoclès, je vous dois de la reconnaissance, et me voilà, graces au ciel, tout aussi tranquille que vous : dans un ame telle que la mienne, la tempête ne peut durer long-temps, elle est déjà apaisée; la leçon de l'expérience me reste seule, elle me préservera pour la vie d'une pareille illusion, et me fera voir les hommes et leurs sentimens tels qu'ils sont en réalité, et non comme notre imagination trompeuse, égarée, se plaît à

4.

nous les représenter; nous croyons voir un aigle, un phénix, et presque toujours l'oiseau est du plumage le plus commun. Mais avouons-le, notre amour-propre a bien autant de part à ce prestige que le cœur et l'imagination : nous sommes flattées de subjuguer un héros, d'être aimées d'un demi-dieu, de devenir ainsi nous-mêmes des divinités; mais le voile tombe bientôt, et le héros, le demi-dieu, la déesse ne sont plus que de faibles, de très faibles mortels, guidés par le caprice, l'inconstance, et dupes de leur propre cœur. Cette découverte est dure au commencement, puis on s'y accoutume, puis on pardonne en faveur de la connaissance qu'on a acquise du cœur humain; comme un enfant sage et docile, on baise la main qui a frappé, on devient plus raisonnable et moins sujet à se laisser abuser par les apparences. Voilà, ma chère Sulpicie, sous quel point de vue j'envisage mon roman avec Agathoclès. La supériorité de son esprit, l'énergie de son caractère, l'impression que je paraissais faire sur un homme aussi distingué, m'ont un instant éblouie; illusions que tout cela, je le vois maintenant. Agathoclès, ainsi que tous les autres hommes, est faible contre le pouvoir de la beauté, mais insensible par caractère ou par orgueil, très léger et très inconstant. Convaincue à présent que tel est celui qui agitait mon cœur, je suis rentrée sans peine dans l'état de tranquillité, d'insouciance dont sa présence et son départ m'avaient fait sortir; je suis rentrée avec plaisir dans une situation qui me convient. Ah, Sulpicie! que ne puis-je faire distiller sur ton cœur une seule goutte de cette paix intérieure, de cette douce indifférence! Si je pouvais te faire envisager et le monde et les hommes comme je les vois; le monde comme un spectacle varié où tour à tour acteur et spectateur, l'on s'amuse jusqu'à ce que la toile tombe; les hommes comme de jolis papillons dont on admire les couleurs bigarrées, qu'on aime à voir voler de fleur en fleur, mais qu'il ne faut pas même chercher à saisir, dans la crainte de les décolorer : alors, Sulpicie, disparaîtraient toutes ces passions qui nous agitent, nous tourmentent, nous rendent l'existence amère; nous n'exigerions des circonstances et des hommes que la portion de bonheur qu'ils peuvent nous procurer; nous jouirions des bonnes qualités de ceux avec qui nous sommes appelées à vivre, et nous ririons de leurs défauts, que nous saurions bien leur rendre.

Avec une telle façon d'envisager les choses, je n'aurais point été malheureuse avec ton Serranus, du moins je le pense. Il vient chez moi, et je crois qu'il a envie de me prendre aussi pour la confidente de ses peines ; je ne puis dire que j'en aie grande envie : la seule chose qui me plaise de lui, est l'estime qu'il me témoigne. Dans le fond, c'est un excellent homme, quoique faible, léger et gâté par la plus mauvaise éducation ; il aurait pu vraiment devenir , en de bonnes mains , un homme très supportable. Pauvre Serranus ! il se berce de la douce idée qu'avant l'arrivée de Tiridate tu l'aimais, et que tu pourras l'aimer encore si tu ne revois pas ton amant. Plût au ciel qu'il ait raison ! tu en seras mille fois plus heureuse. Je t'assure que , malgré les bornes de son esprit, un époux tel que lui vaut cent fois mieux que ces êtres fantastiques, ces héros de romans si fiers de dominer une femme sensible ou passionnée. Uni à une femme raisonnable, un homme tel que Serranus, loin de la dominer, se laisse diriger par elle, et lui abandonne en entier le timon de l'empire ; il ne la tourmente point par un sentiment exalté, mais il est reconnaissant de la moindre marque d'attachement. Ah ! je te le jure, une vie aussi paisible me paraît infiniment estimable.

Je te conjure donc très sérieusement , ma chère Sulpicie, d'écouter la voix d'une amitié à laquelle tu résistas trop souvent ; cherche à surmonter ton sentiment, au moyen de l'absence et des circonstances qui favorisent cette sage résolution : tu ne seras jamais heureuse par cette passion, non parce que tu n'es plus libre , puisque le divorce, dont chaque jour on voit des exemples , peut rompre le lien qui t'attache à Serranus ; non plus à cause du rang élevé de ton amant et des obstacles qui pourraient en être la suite, l'amour, le courage, la persévérance sauraient les aplanir ; mais parce que Tiridate est un homme, et qu'aucun homme ne mérite d'être aimé comme tu l'aimes : ils sont tous, oui tous sans exception, inconstans , sensuels , égoïstes. Le désir, l'imagination, le caprice et la vanité les attirent seuls vers nous : du moment que ces ressorts cessent de se mouvoir, le cœur se tait, l'amour cesse, et nous ne sommes plus rien pour celui qui est encore tout pour nous. Combien ne voit-on pas de malheureuses femmes s'attacher par leurs propres sacrifices, et conserver une tendresse inextinguible pour un homme , quoique la légèreté, la perfidie, ou une indifférence insultante, en soient la seule récompense !

Ne me taxe pas de cruauté si je vais te dire une vérité qui te paraîtra bien dure ; ne repousse pas le médecin qui, dans l'espoir de te guérir de tes maux, te présente un abreuvage amer, mais salutaire : penses-tu que, sans ta beauté et les obstacles dont tu étais entourée, l'amour de Tiridate aurait été aussi vif, aussi constant ? Que la paix revienne, que ton mariage se rompe ; que Tiridate remonte sur le trône de ses ancêtres et soit en possession de ta main ; que le chagrin, la passion et le temps, ces trois grands destructeurs de la bauté, aient altéré la tienne tu verras cette flamme ardente diminuer peu à peu et s'éteindre entièrement. Ils sont tous ainsi : qu'elle est trompée celle qui croit faire une exception à la règle ! Ce n'est pas son amant qui la trompe, car le nombre de ceux qui feignent un amour qu'ils ne sentent pas au moment où ils s'éloignent est très petit ; ils commencent ordinairement par se faire illusion à eux mêmes, mais c'est le propre cœur, l'imagination exaltée de la femme abusée, qui la rend incapable d'appliquer les idées générales sur les hommes à l'individu qui l'intéresse ; sa vanité lui dit à l'oreille qu'elle mérite une exception.

Pardonne, Sulpicie, si ma lettre t'afflige ; celle de Tiridate te consolera : j'ai cru qu'il était juste de l'attaquer au moment où il pouvait se défendre : hélas ! j'ai bien peur d'avoir perdu ma cause.

je te prie au moins d'aimer également ta Calpurnie; elle aurait voulu te faire profiter de sa triste expérience. Adieu, bonne et chère amie, nous nous verrons tous les jours.

LETTRE XVI.

(Incluse dans la lettre précédente.)

TIRIDATE A SULPICIE.

Nicomédie, mai 301.

Des mers, des pays d'une immense étendue nous séparent, ma Sulpicie; deux mois d'une longueur insupportable ont succédé au temps le plus heureux de ma vie; ils m'ont paru plus tristes et plus sombres qu'une nuit éternelle. Sans toi qu'est la vie? Loin de toi à quoi sert l'air que je respire? Qu'ai-je besoin de parler à ceux qui ne virent jamais ta figure céleste? qui n'ont jamais entendu ta douce voix?... Ah, Sulpicie! je ne pense qu'à toi, je ne vois que le but auquel je tends et que je veux atteindre ; oui, la plus ardente, la plus pure des passions doit avoir sa récompense, dans ce seul espoir je puise la force nécessaire pour rester ici : qui pourrait m'empêcher de voler à tes pieds, si le but de mes efforts et de tous mes sacrifices n'était d'obtenir ta main ? Ah ! si tu savais avec quelle peine je résiste au désir ardent de retourner à Rome ! Quelquefois j'acheterais de ma vie le bonheur de te voir un instant, et il me semble qu'il ne serait pas trop payé. Dieux ! ma Sulpicie à moi, à moi seul au monde. Tout ce trésor de bonheur m'appartiendra , j'en fais le serment ; aucune puissance, aucun indigne lien, aucune basse jalousie ne m'en privera. Mon bras fera la conquête du trône de mes ancêtres ; mais je ne le veux ce trône que pour y placer à mes côtés la femme la plus adorée : alors, et seulement alors , belle et noble Sulpicie, tu seras à ta place ; le ciel t'a formée pour régner sur mon cœur , sur mes sujets , pour faire notre bonheur. Arrivez, momens désirés, momens fortunés, vous méritez seuls d'être appelés la vie.... Je m'égare, Sulpicie , mon sang brûle, mon être entier s'enflamme à l'idée d'un tel bonheur. Me trouver sans cesse auprès de toi, me répéter : Elle est à moi ; ces formes enchanteresses, cette voix si mélodieuse, ce cœur si parfait, cet esprit si supérieur, tout m'appartiendra ; Sulpicie sera mon bien... O mon amie ! il me faut interrompre ma lettre jusqu'à ce que je sois plus tranquille. Mais n'éprouverai-je pas toujours le même délire, la même agitation en revenant à toi, en traçant ce nom chéri, en t'adressant mes pensées; en me disant que cette main que j'ai si souvent pressée sur mon cœur palpitant d'amour, touchera cette feuille; que tes yeux verront les mots que je trace, que tes lèvres peut-être... Dieux! Dieux! accordez-moi Sulpicie ou que je cesse d'exister; sans elle la vie ne serait qu'un supplice.

J'ai reçu ta lettre; je vois avec désespoir que tu t'inquiètes et te tourmentes; ne crains rien, ma Sulpicie, ni pour notre amour ni pour ma vie : j'ai heureusement échappé sur mer à des dangers inouis; cent fois nous avons vu le moment où notre vaisseau ballotté par les vents allait se briser contre des rochers menaçans; mais les Dieux veillent sur moi : le mortel destiné au suprême bonheur ne devait pas être englouti dans les abîmes des ondes. Sois tranquille, aucun dard ennemi ne percera ce cœur où ton image est gravée en traits de feu; cette conviction sera mon égide, je puis hardiment défier le sort : puisque tu m'aimes, rien ne peut détruire mon bonheur. Tu m'aimes, Sulpicie; le destin nous fit naître dans des climats si différens, si éloignés l'un de l'autre, et cependant ce même destin nous a réunis; aujourd'hui nous ne sommes point séparés, car nous parcourons la même route avec la même espérance, et, crois-en mes pres-sentimens, elle sera réalisée. J'ai dans le César Galérius un ami puissant qui peut lever tous les obstacles en rompant ton mariage avec Serranus; la politique de Dioclétien approuve mes projets; l'armée est de la meilleure volonté; mes amis ont été très actifs en Arménie : mon peuple m'aime; il n'a pas oublié le bonheur dont il a joui sous la domination de mes ancêtres, et les bienfaits qu'il a reçus d'eux; le joug des Perses pèse sur lui, il brûle de le secouer et de se réunir à nos amis. Dis-moi, Sulpicie, quels seraient tes motifs de terreur? Courage, ma tendre amie! Puissent les Dieux m'accorder de pouvoir verser dans ton ame une partie de cette assurance qui remplit la mienne, et la force nécessaire pour supporter le seul malheur que nous ayons à craindre, le tourment d'une longue séparation!

Agathoclès est aussi lancé dans le tourbillon de la guerre; Dioclétien l'a nommé centurion; je pense que l'occupation lui sera très salutaire; le loisir dont il jouissait donnait trop de liberté à son esprit actif. Il a aimé Calpurnie bien plus qu'il ne le croit lui-même; cependant, d'après l'intime conviction qu'il ne serait pas heureux avec une compagne de ce caractère, il a eu la force de s'en séparer; mais s'il a éprouvé un violent combat où sa raison a triomphé, il a été aidé par le souvenir d'un attachement de sa première jeunesse : cette ancienne passion dont il s'est fait un moyen de défense contre les attraits de Calpurnie, s'est renouvelée avec assez de force. Il a fait, pour en retrouver l'objet, de nouvelles mais infructueuses perquisitions. Le zèle avec lequel il poursuit cette chimère et repousse la douce réalité, me prouve combien il lui sera utile de se distraire par des occupations forcées. J'aime beaucoup Agathoclès, je redoute même le moment d'une séparation peu éloignée. Je pars pour me rendre auprès du César Galérius qui commande le centre, Agathoclès, comme centurion, doit aller joindre Démétrius qui commande l'aile gauche. Je te supplie, ma tendre et précieuse amie, de te tranquilliser ; éloigne de ton esprit toutes les tristes images qui le tourmentent : les Dieux ne veulent pas séparer nos destinées, puisqu'ils ont uni nos cœurs ; il ne sera pas au pouvoir des hommes d'aller contre leur arrêt. Dans peu de jours je parlerai à Galerius, sa volonté toute-puissante détournera l'orage, et mon bras, n'en doute pas, saura reconquérir les lieux où le bonheur le plus parfait nous attend. Que cette perspective, chère Sulpicie, ranime notre courage ; elle seule peut me donner la force de vivre loin de toi.

LETTRE XVII.

AGATHOCLÈS A PHOCION.

Edesse, juin 301.

PEUX-TU te faire une idée, Phocion, de la situation désespérante d'un homme qui, après avoir été ballotté sur une mer orageuse, sans espoir de revoir sa patrie, aperçoit enfin ce rivage désiré, y touche, croit être à la fin de ses peines, lorsqu'un ouragan terrible le repousse et le jette sur un rocher inabordable, d'où il peut contempler cette terre natale et chérie, tandis que, séparé d'elle à jamais, il périt de faim et de misère.

Telle est l'image trop fidèle de l'état de ton malheureux ami. Le sort impitoyable se joue de mes désirs, il me comdamne à une épreuve au-dessus de mes forces... Je l'ai retrouvée, Phocion, j'ai vu ma Larissa, je demeure avec elle, un même toit nous abrite, et elle est à jamais perdue pour moi. Peux-tu comprendre le martyre que renferment ces paroles?... Je suis trop ému pour écrire avec ordre... Laisse moi le temps de me remettre.

J'ai combattu de toutes mes forces pour apaiser l'orage qui bouleverse mon ame, et prendre sur moi de te raconter ce qui s'est passé : à l'avenir, j'aurai besoin d'employer sans cesse toute la force d'esprit dont je suis capable; il est bon d'en prendre l'habitude. Ecoute donc.

D'après les ordres de Dioclétien, je me rendis, il y a huit jours, à Edesse près du général Démétrius. Mon père avait demandé et obtenu que je fusse sous les ordres de cet ancien guerrier, distingué par des faits glorieux, une discipline exemplaire, une fidélité à toute épreuve : sous ses yeux je devais faire mes premières armes, Démétrius me reçut, comme je pensais l'être, d'après l'idée que je m'étais formée de lui, avec une rudesse militaire mêlée de dignité. Les distractions et les occupations de mon nouvel état m'aidèrent à oublier pendant les premiers jours tous mes sujets de peine, à supporter l'ennui de vivre au milieu d'étrangers, loin de ma patrie et séparé de tous ceux que j'aime. On attendait la femme du général qui ne peut vivre éloigné d'elle et qui a exigé qu'elle vint le joindre dans une ville située aux environs d'Edesse, où il a établi son quartier-général. Trois jours plus tard elle fut près de lui, on ne la vit point, et sa présence ne fut remarquée que par le silence qui régna dans la partie de la maison qu'elle habitait, et par la rencontre de plusieurs femmes esclaves qui al-

laient et venaient : elle passait les journées entières dans son gynécée ; qui que ce soit, excepté
quelques confidens intimes de Démétrius, n'ap-
prochaient de la table où les époux mangaient ;
même dans les vastes jardins de la ville où nous
savions qu'elle se promenait quelquefois, elle
choisissait de préférence les lieux les plus sombres,
les plus reculés, personne n'osait se trouver
sur son passage, ni chercher à troubler son goût
pour la retraite. Peu curieux de nouvelles connaissances, surtout de femmes, craignant de dé-
plaire au général que son âge avancé rend peut-
être susceptible de jalousie, je n'avais pas même
le désir de connaître sa compagne.

Avant-hier, sans songer à elle, mes rêveries
me conduisirent dans la partie la plus sauvage
des jardins ; des pins énormes, recouverts de
lierre, forment un bosquet où le soleil ne peut
pénétrer. Le calme, la fraîcheur de ce site m'engagèrent à y entrer : je m'y trouvai absolument
seul, et voulus me reposer sur un banc de mousse.
Au moment de m'asseoir, j'aperçus sur ce banc
une jolie petite corbeille remplie de bobines de
fil d'or et d'écheveaux de laine pourpre. Cette
vue et le silence de cette solitude me firent penser
que l'épouse du général avait choisi cette place
pour son travail ; j'étais sur le point de me reti-

rer, lorsque, jetant encore un regard sur la corbeille, je fus arrêté par un charme irrésistible. Un souvenir cher et douloureux, une image délicieuse à peu près effacée, mais qui revivait tout à coup dans mon ame; suspendirent toutes mes facultés; je ne pouvais cesser de regarder cette corbeille; il me semblait que je l'avais déja vue. A cette idée vague se joignirent aussitôt une foule de sensations, de souvenirs de mon enfance; j'eus enfin la certitude d'avoir tressé et fait moi-même cette corbeille, depuis plus de douze ans, pour la donner, remplie de fleurs, à Larissa, le jour de sa fête. Agité, ému, je prends la corbeille, je l'examine, j'écarte les objets dont elle est remplie; ma conviction devint claire et positive lorsque je trouvai au fond ces mots écrits de ma main : *Pour ma chère Larissa.* Ah combien d'années de douleur s'effacèrent de mon esprit! je crus être revenu au moment où je traçai ce nom chéri, où j'entrelaçai avec tant de plaisir l'osier flexible, pour offrir ce présent à ma jeune amie! je tenais cette corbeille, je la pressais contre mes lèvres, lorsqu'un léger bruit se fit entendre; je me retournai : une femme de la tournure la plus élégante, vêtue avec une noble simplicité couverte d'un long voile blanc qui cachait son visage, était debout à l'entrée du bosquet et paraissait saisie d'étonnement. Une douce voix trop bien connue ! retentit à mon oreille : est-il possible ! disait-elle ; mes yeux ne me trompent-ils pas ? est-ce Agathoclès ? En disant cela, elle s'avançait en relevant son voile. O dieux ! Phocion, c'était Larissa... Nous volâmes dans les bras l'un de l'autre ; pendant quelques instans nous ne sentîmes que l'inexprimable bonheur de nous retrouver après huit mortelles années ; je pressais mon amie contre mon cœur ivre de joie. Elle releva la tête ; son visage était pâle comme la mort ; puis reculant d'un pas elle me dit d'une voix tremblante : Je suis la femme de Démétrius. Je restai comme anéanti de l'expression de sa physionomie, plus que des paroles accablantes qu'elle venait de prononcer. Ma chère Larissa ! lui dis-je en me rapprochant d'elle... Non, non, s'écria-t-elle en faisant un mouvement de sa main pour m'éloigner ; mais en même temps ses genoux fléchirent, sa tête se pencha ; elle allai tomber ; je la pris dans mes bras , et je la couchai sur le banc de gazon. O Agathoclès ! dit-elle, pourquoi t'ai-je revu ? Elle pâlissait toujours plus ; je voyais qu'elle allait perdre l'usage de ses sens, quoiqu'elle combattît avec force contre son émotion : je voulus appeler ses femmes. Reste, Agathoclès, me dit-elle d'une voix

à peine intelligible ; laisse moi mourir près de toi.
Sa voix, ses yeux s'éteignirent ; elle resta sans
connaissance dans mes bras. Dieux! Phocion,
quel moment! après toutes les peines d'une séparation aussi longue que cruelle, je la retrouve pour
la voir expirer sur mon cœur! elle ne donnait
aucun signe de vie, je me livrais au désespoir;
je couvrais de baisers, de larmes ce visage inanimé, ces lèvres immobiles et glacées ; je n'étais
plus à moi, je ne savais ce que je faisais ; je n'a-
vais d'autre désir que celui de mourir avec Larissa. Enfin, quelques minutes après, elle ouvre
les yeux et me regarde. O Phocion! que de sensibilité, que d'amour dans ce regard céleste,
encore éteint à demi! Non, il ne connaît pas ce
que peuvent exprimer les yeux, le mortel qui
n'a pas vu ceux de Larissa fixés sur Agathoclès.

Je la pressais contre mon cœur; je lui disais
une bien faible partie de ce que je sentais; elle
m'écoutait en silence sans chercher à s'y opposer,
ses yeux toujours fixés sur les miens, enfin ses
larmes coulèrent avec abondance. Tu ne m'as pas
oublié, ma Larissa! je le vois avec transport, tu
m'aimes encore comme autrefois. Elle releva sa
tête qu'elle avait appuyée sur mon épaule; ses
larmes s'arrêtèrent et son regard devint sombre;
elle me repoussa d'une main. Je t'aime, me dit-

I.

elle sans me regarder, mais non plus comme autrefois... Je suis mariée... Ces paroles tombèrent sur mon cœur comme un poids énorme ; je vis et l'excès de mon malheur et l'abîme sur le bord duquel j'étais : les projets, l'espoir de Tiridate vinrent traverser ma pensée et me rendre à la vie. Vois, Phocion, comme ton élève est faible ! cet espoir que j'avais condamné si vivement devint aussi le mien. Je me rapprochai de Larissa, en lui disant : Larissa, n'y aurait-il donc aucune possibilité de réunion entre nous ? Point, point, répondit-elle précipitamment, et ses larmes redoublèrent. Je la pressai de me parler ouvertement ; elle sanglottait au point de ne pouvoir prononcer un mot ; mais elle secouait la tête dès que je prononçais le mot d'espoir. Après quelques instans elle parvint à se calmer et se leva ; mais sa faiblesse l'obligea de se rasseoir. Agathoclès, me dit-elle avec une douceur angélique, éloigne-toi, je t'en conjure, ne cherche pas à pénétrer ma pensée, je suis hors d'état de te parler ; ami de ma jeunesse, si tu m'aimes encore, laisse-moi jouir seule du bonheur de t'avoir retrouvé ; va, il faut que j'essaie de me remettre ; envoie-moi dans quelques momens mes femmes, pour qu'elles me ramènent chez moi ; je n'ai pas, je le sens, la force d'atteindre seule la maison. Je voulus lui parler, la soutenir, la persuader de prendre mon bras; mais ses mains jointes, son beau regard porté vers les cieux, me dirent plus de choses encore que ses paroles, m'engagèrent à lui obéir, à me retirer, je la quittai; et, quelques minutes après je me trouvai dans ma chambre sans savoir moi-même comment j'y étais arrivé : je ne pus que longtemps après me retracer un évènement si semblable à un songe. La raison et la réflexion m'offrirent peu de consolation, cependant je ne voyais pas la nécessité de renoncer à tout espoir d'être uni à ma Larissa. Que de mariages ont été dissous avec le consentement des deux parties! Ce n'était point ici la situation de Sulpicie qui donna volontairement sa main à un époux d'un âge proportionné au sien, qui attendait d'elle son bonheur; maintenant elle veut rompre malgré lui, le lien qui les unit, pour suivre un amant qu'elle connaît à peine. Larissa est l'amie de mon enfance; j'avais des droits avoués sur son cœur avant que Démétrius l'eût connue; c'est la jeune épouse d'un vieillard insensible à ces charmes, qui ne l'estime peut-être qu'à titre de ménagère; il doit alors être bien égal à Démétrius que Larissa ou tout autre gouverne sa maison. Je pensais et je pense encore ainsi : je brûlais d'en parler à Larissa, de lui exposer mes raisons, de me concerter avec elle sur notre sort à venir. Je n'ai cessé de la chercher, dix fois je suis inutilement retourné dans le bosquet. Phocion, quelle inconcevable conduite! quelle froideur glaciale! Déja trois jours se sont écoulés sans la revoir! elle qui m'aimait autrefois, qui doit connaître le tourment dont mon cœur est accablé, elle évite maintenant de se promener dans les jardins, dans la crainte, sans doute, de me rencontrer. Comment excuser une telle conduite? Ne suis-je donc pas digne qu'elle me parle au moins, qu'elle se donne la peine de m'éclairer sur ce que j'ignore, de m'apprendre ce qui a une si grande influence sur ma vie? Non, non, ce n'est plus ma Larissa, ma douce, ma sensible amie. Que craint-elle? son amour est passé, ce qui l'a si fort saisie dans les premiers momens n'était que de la surprise. Nous n'avons rien à concerter ensemble, rien à désirer, rien à espérer. Mais ne puis-je savoir au moins quel motif a pu la décider à donner sa main à un vieillard qu'elle ne peut aimer? ce que sa famille est devenue? Ne donne-t-on pas à une simple connaissance, à la personne la plus indifférente que l'on rencontre par hasard dans un pays étranger, des nouvelles de ses amis et de ses connaissances? Je ne demande, je ne veux autre

chose de la femme de Démétrius. La fille de Timantias doit me raconter ce qu'est devenue l'a-
mie de mon enfance, ma Larissa, sa mère, son
père, toute sa famille. Qu'y a-t-il donc là contre
ses devoirs? Je ne saurais l'apercevoir; mais elle
agit autrement, parce qu'elle veut me prouver
par son indifférence, que je ne suis plus rien
pour elle.

O Phocion! tel est donc le dénouement tant
désiré de la fatale histoire de ma vie! mes ardents
désirs sont remplis, j'ai retrouvé celle à qui je
songeais sans cesse, et je suis plus malheureux
que jamais; plains ton ami et relève son courage.
Adieu.

***

LETTRE XVIII.

LARISSA A JUNIA MARCELLA.

Edesse, juin 301.

D'UNE main faible et tremblante, à peine capable de tracer mes idées, je veux essayer de te
donner de mes nouvelles, chère Junia ! Peut-être
auras-tu beaucoup de peine à déchiffrer ces caractères ; j'en ai plus encore à les tracer ; mais
il faut que je t'écrive; j'éprouve de la satisfaction

à t'ouvrir entièrement mon cœur, à te supplier de me soutenir par les conseils de ta sage amitié : voilà tout ce qui me reste, avec la volonté inébranlable de rester toujours digne de cette amitié, et de supporter les épreuves que Dieu m'envoie; ne sais-je pas qu'il frappe ceux qu'il aime ! Douce et consolante pensée ! tu m'empêcheras de succomber sous le poids accablant du chagrin.

Cinq longues années traversées par des peines domestiques, par la pauvreté, par la cruauté des étrangers, venaient de s'écouler sans que mes ardens désirs, mes ferventes prières eussent obtenu de Dieu ce que je lui demandais sans cesse avec ardeur, la seule chose qui pût adoucir tant de peines, et me rendre peut-être au bonheur, des nouvelles enfin, de l'ami de mon enfance, de mon cher Agathoclès. Pourquoi n'ai-je rien appris de lui lorsqu'il en était temps encore? pourquoi le hasard, ou les passions des autres ont-elles bouleversé mon sort ? pourquoi ai-je été entraînée malgré mon cœur, malgré tous mes sentimens ? pourquoi, malheureuse insensée ! peux-tu, oses-tu le demander ? Parce que telle était la volonté de Dieu, sans la permission de qui un cheveu ne peut tomber à terre : Dieu voulut sans doute éprouver ma piété filiale. Sur le lit de mort de mon père, par ses ordres positifs et répétés, je donnai ma main à Démétrius : alors j'avais entièrement renoncé à tout... à l'amour, à l'espoir, au bonheur. Ne devais-je pas me sacrifier pour donner un soutien à ma famille, à mon père mourant cette consolation, et à moi-même une existence honnête ? Oui, Junia, je devais faire le sacrifice d'un cœur déja brisé... j'épousai Démétrius. Depuis trois ans je suis la compagne d'un homme vertueux, mais sévère, impérieux; ayant toute la rudesse des mœurs guerrières. J'ai souffert avec patience et sans jamais m'en plaindre (tu le sais, Junia,) tout ce qu'un caractère aussi complètement opposé au mien m'a fait endurer ; j'avais obtenu ce que j'ambitionnais le plus, l'estime de mon mari et une tranquillité apparente ; j'offrais à Dieu mes peines ; le courage, la patience étaient la récompense de ma résignation ; je n'étais pas heureuse, mais j'étais calme, parce que j'avais la paix de la conscience. Hélas ! Junia, ce bien précieux je l'ai perdu : plus de calme, plus de paix, plus de repos pour ta malheureuse Larissa... Dans un bosquet du jardin qui entoure la villa où Démétrius a établi sa demeure et le quartier-général, j'étais, il y a quatre jours, occupée à préparer des laines et de l'or pour lui broder un manteau de guerre. La corbeille que tu connais, et qui m'est si chère, si précieuse, seul reste hélas ! des heureux temps de ma première jeunesse, était à côté de moi ; tout en travaillant, mes idées erraient au loin. J'avais oublié dans mon appartement quelque chose d'essentiel à mon ouvrage ; je laisse ma corbeille sur le banc où j'étais assise, je cours chercher ce qui me manquait, et reviens aussitôt ; au moment de rentrer dans le bosquet, j'aperçois un jeune guerrier qui tient ma corbeille et l'examine attentivement. Je m'arrête, je baisse mon voile ; au bruit de mes pas, il se retourne... O mon amie ! peins-toi, si tu le peux, et mon étonnement et mon bonheur ; je voyais Agathoclès, tout me l'assurait, et je ne pouvais le croire. Je le nomme en levant mon voile ; il prononce mon nom ; plus de doute. D'abord, je deviens incapable de réfléchir ; la joie m'entraînait malgré moi... je suivis l'impulsion de mon cœur, je volai dans les bras de mon ami ; son émotion égalait la mienne : je vis, je sentis que j'étais encore sa Larissa, que je vivais dans son souvenir comme dans les heureux temps de notre jeunesse, dans ce temps d'innocence où nous jouissions si délicieusement de l'expansion d'une amitié réciproque. O Junia ! tout ce qui s'est passé depuis était effacée de ma pensée : je me croyais à Nicomédie dans le jardin de mon père, où je volais ainsi à sa rencontre dès que je le voyais arriver; je n'avais plus alors d'autre sentiment que celui du bonheur d'avoir retrouvé mon ami. Pourquoi cet heureux moment ne fut-il pas le dernier de ma vie? Je l'espérai un moment, tout à coup l'image de Démétrius, le souvenir du lien sacré qui m'unit à lui, s'offrirent à moi sous l'aspect le plus effrayant; à peine eus-je la force d'en instruire Agathoclès : je sentis un poids énorme sur mon cœur, un nuage sur mes yeux ; j'allais tomber en défaillance, lorsque Agathoclès me soutint, me plaça sur le banc, et resta à genoux près de moi ; Junia, comme j'étais heureuse ! j'avais tant désiré de mourir dans ses bras ! Il voulut appeler, je le retins; car il me semblait que j'allais cesser de vivre, et je voulais expirer près de lui. Je perdis bientôt connaissance; ses tendres soins me rappelèrent à la vie. Ah ! quelle vie, Junia ! Dès que je pus prononcer quelques paroles, dès qu'il put m'entendre, je lui annonçai notre éternelle séparation : il ne me comprit pas ; ses principes sont si différens des miens ! Je le priai de se retirer la prolongation de sa présence, la faiblesse de mon cœur me faisaient trembler : plus je le regardais, plus je sentais mon courage s'affaiblir. Enfin sa délicatesse l'emporta sur son désir de rester ; il

5.

consentit à me quitter. Mais lorsque je le vis disparaître, je sentis toute l'étendue de notre malheur! mes larmes recommencèrent à couler avec une telle abondance que mes femmes furent effrayées de mon état, et presque obligées de me porter. Ah! oui, ma Junia, je suis malheureuse, bien malheureuse ; cependant avec quelle joie je voudrais souffrir davantage, si je pouvais délivrer son cœur du poids qui l'oppresse! L'assurance d'être encore aimée par le meilleur des hommes, par celui que je chéris depuis si long-temps, serait pour moi une source de bonheur; et cependant je peux te l'attester, depuis cette entrevue; j'ai sans cesse désiré qu'il m'oublie qu'il retrouve sa tranquillité, qu'il soit aussi heureux que son noble cœur le mérite.

Que puis-je, que dois-je faire maintenant ? Que ta raison guide la mienne : ma conscience me répète, chaque fois que je pense à lui avec amour, avec passion, ces mots terribles : Tu manques à tes devoirs, **tu as juré devant Dieu**, à Démétrius, *amour et fidélité*. Amour, Junia, non, je ne lui ai pas promis d'*amour*; impossible ! Démétrius, à son âge, ne m'en demandait pas ; mais *fidélité* : en cessant d'être fidèle, je commettrais un crime impardonnable, je détruirais aussi le doux lien d'estime mutuelle et de vertu

qui lie mon cœur à celui d'Agathoclès. Junia,
je te l'avoue, c'est surtout cette conviction qui
me force de suivre la route que je me suis tracée,
la seule qui me reste à suivre. Je n'ai pas revu
Agathoclès; l'accablement dans lequel je me
trouve depuis cette rencontre, touche de bien
près à une maladie; il me sert de prétexte pour
ne paraître nulle part et rester dans mon gynécée.
Dieu seul connaît ce qu'il m'en coûte pour l'éviter, est témoin du chagrin profond qui me dévore; mais comment faire dans la suite ? Agathoclès sert comme centurion dans les troupes
commandées par Démétrius; depuis quelque
jours il est nommé son *légat* (aide-de-camp),
et demeure dans notre maison : il me sera bien
difficile, peut-être même impossible de continuer
à l'éviter et de ne pas le revoir. Démétrius, qui
s'accoutume si peu aux objets nouveaux, eut
d'abord avec Agathoclès (à ce qu'il m'a dit lui-même) une manière froide et repoussante; tu
peux juger de l'indifférence de Démétrius pour
lui, par mon ignorance de savoir Agathoclès si
près de moi; mais, pour mon malheur, cette
indifférence diminue sensiblement : j'entends à
présent mon époux parler avec éloge des connaissances, des mœurs, de l'esprit et du courage du
nouveau légat. Autant j'éprouve de plaisir à

entendre louer mon ami par un homme aussi sévère que difficile, autant je tremble en pensant au moment où Agathoclès sera reçu dans le cercle étroit de ceux qu'il honore de son intimité. Quelle ressource me restera-t-il alors? quel combat pour moi ! que de peines pour lui, pour lui que je voudrais savoir si heureux ! Cette situation ne saurait rester la même, impossible ! Elle amènera des demandes, des explications que je ne puis toujours éviter, mais que je ne donnerai point avec une exacte vérité : Agathoclès ne doit pas savoir combien la femme de Démétrius l'aime encore ; il doit ignorer aussi qu'elle n'est point heureuse. Voilà, Junia, ce dont je frémis d'avance, voilà ce qui trouble mon existence. J'ai hésité de découvrir à Démétrius ce qu'Agathoclès et moi sommes l'un à l'autre depuis notre enfance ; j'ai pesé d'un côté l'obligation où je suis de n'avoir rien de caché pour l'homme qui a le droit de savoir tout ce qui m'intéresse, et de l'autre la crainte d'exciter ses soupçons et sa jalousie ; j'ai pensé aussi combien ses soupçons auraient plus de force s'il venait à découvrir fortuitement notre ancienne liaison. Cette idée m'a décidé à lui parler : je lui ai tout raconté avec franchise, mais donnant toujours le nom d'*amitié* à nos sentimens qui sont plus vifs et plus tendres. J'ai cru de mon devoir de taire ce qui pouvait altérer sa tranquillité et avoir l'apparence d'un reproche. Puisque j'étais résolue à résister à ce sentiment, à quoi bon lui en parler? Il reçut ma petite confidence à sa manière, comme une chose tout-à-fait indifférente en elle-même, et qui lui faisait plus de plaisir que de peine. J'ai tout lieu de craindre qu'il n'en ait que plus d'envie de rapprocher Agathoclès de nous. Ah, Junia! pourquoi te mentir quand je ne m'abuse pas moi-même? Je l'*espère* bien plus que je ne le crains; mais sois tranquille, mon amie, Dieu me donnera la force de supporter l'épreuve qu'il m'envoie; il n'exige de nous, ce Dieu si bon, que ce qui est en notre pouvoir : je ne puis ni cesser d'aimer Agathoclès, ni l'éviter; mais je puis soumettre cet amour à la sagesse, à mes devoirs; je le puis, je le dois, je le veux et je le promets.

A présent, je t'ai ouvert mon cœur jusque dans ses moindres replis; il me semble que mon chagrin est moins cuisant, moins profond, parce que je sais que tu le partageras et l'adouciras; prie Dieu de ne pas m'abandonner : en lui, ma Junia, je mets mon espérance, comme en ta tendre amitié.

———————

LETTRE XIX.

AGATHOCLÈS A PHOCION.

Edesse, juin 301.

Tout est fini, tout est dévoilé ; je vois à découvert l'abîme ouvert devant moi ; je n'ai plus rien à craindre, rien à espérer ; pour moi, Larissa est irrévocablement perdue : les devoirs les plus saints qu'elle n'ose combattre sans se rendre coupable, sont entre nous... Mon sort est décidé.

Lors de ma dernière lettre, je conservais encore quelque espoir ; le chagrin que me faisait éprouver la singulière conduite de Larissa me donna le courage de tenter une démarche décisive ; sa situation, la noblesse de ses sentimens m'étaient connus, mais je ne pouvais pénétrer les motifs secrets qui la faisaient agir : je formai donc un plan qui nous aurait menés, lentement peut-être, à mon but ; mon imagination se ranimait à l'image du bonheur que je voyais dans l'éloignement ; je brûlais d'impatience de parler à Larissa, de lui communiquer mes projets, de tout concerter avec elle pour rompre le lien qui nous sépare, et d'en former un éternel. Incapable de m'occuper d'aucune autre chose, je passai trois jours entiers à méditer mon projet ; je parcourus cent fois les jardins, je me cachai dans les longs corridors de la maison pour l'attendre ; et toutes les fois qu'une femme approchait, je tressaillais, ne doutant pas que ce fût elle ; mais elle ne parut point, et ne se laissa voir nulle part. Enfin, j'appris par Démétrius que, pendant tout ce temps, elle avait été malade, et forcée de garder la chambre : ô Phocion ! je me tais sur ce que j'éprouvai ; mille idées cruelles vinrent assaillir mon ame et déchirer mon cœur, je ne pouvais plus me contenir, je lui écrivis ; un vieux serviteur de la maison, dont j'ai gagné l'affection, se chargea de remettre ma lettre : insensé ! les dangers auxquels j'exposais, cet homme, Larissa, et moi-même, ne s'offraient pas même à mon esprit. Je n'aspirais, je ne pensais qu'à dire à mon amie ce qui pouvait effectuer notre réunion, ce que j'avais espéré si son cœur était encore le même; et pouvais-je en douter d'après la forte impression qu'avait fait sur elle notre courte entrevue ? Voici la copie de ma lettre.

Agathoclès à Larissa.

« **Six** jours viennent de s'écouler depuis qu'un hasard extraordinaire nous a réunis après une séparation de huit mortelles années ; ton saisissement me fit espérer un instant que ni le temps, ni l'absence n'avaient changé les sentimens de l'amie de mon enfance. Ce ne fut qu'une illusion ; six jours m'ont entièrement désabusé. Larissa a pu les passer tranquillement chez elle, sous le même toit que j'habite, sans chercher à me revoir, sans penser à l'anxiété de mon ame, à mes tourmens, sans avoir le désir de me consoler, ni le désir de me parler de sa situation ; elle m'oublie ; la tranquillité dont elle jouit, le calme de son cœur l'empêchent de sentir les douleurs aiguës du mien. La curiosité d'apprendre ce qui est arrivé, pendant un si long temps, à un ancien ami, à un compatriote, n'a même aucun attrait pour elle. Larissa n'est plus que la femme de Démétrius. Nicomédie, notre jeunesse, Agathoclès, tout est disparu, anéanti. Dieux ! est-il donc possible ? Ah ! pourquoi ne puis-je t'imiter ? pourquoi mon faible cœur conserve-t-il seul tous ces souvenirs ? Larissa ne se souvient-elle plus du temps où elle était tout pour moi, où j'étais tout pour elle ? Oui, j'ose te le rappeler sans t'offenser; tu n'étais pas alors la femme de Démétrius, tu étais mon amie! Ce temps est passé sans laisser aucune trace dans ta mémoire, semblable aux ondes du fleuve qui s'écoule.

Dans le moment où un espoir trompeur me faisait croire que ma seule présence avait tout rappelé à Larissa, je fus assez insensé pour former des plans de bonheur, pour croire qu'elle voudrait les entendre, les partager, les approuver. L'âge de Démétrius, son caractère froid et sévère, inaccessible à toute sensibilité, m'inspiraient cet espoir. Je voulais m'adresser à lui, lui découvrir nos relations, nos sentimens. Je voulais... ah! je comptais alors sur l'amour constant de Larissa! Comment y compter encore? A quoi bon te parler de mes projets, de mon bonheur? Tu ne m'aimes plus. A quoi bon tout ce que j'aurais encore à te dire? Adieu, ta conduite et ta réponse, si tu me juges digne, d'en obtenir une, décideront de mon sort : si je ne t'intéresse plus, je demanderai à ton époux de me placer dans un poste éloigné d'ici, et je ne te reverrai jamais; car je ne puis supporter le supplice de voir Larissa indifférente pour Agathoclès.

———

Telle est la lettre que je lui écrivis. Je passai une journée et deux nuits dans les inquiétudes les plus cruelles sur les suites que pouvait avoir une démarche aussi inconsidérée, dont je ne reconnus le danger que trop tard. Enfin, aujourd'hui, le vieux serviteur a paru et m'a remis une réponse; je la joins aussi à ce paquet. Lis, Phocion, tu sentiras avec moi la perte d'un cœur tel que celui de Larissa : cette perte est irréparable : quelle femme, quelle compagne pour Agathoclès! L'idée du bonheur dont j'aurais pu jouir avec elle double mon malheur actuel : je l'ai perdue à jamais : sans elle la vie n'est pour moi qu'un fardeau. Lis, et plains ton ami.

LARISSA A AGATHOCLÈS.

(*Incluse dans la précédente*)

Si je n'eusse écouté que le premier mouvement de mon cœur et le désir si naturel de me justifier à tes yeux, tu aurais reçu dès hier ma reponse; mais cette réponse devait influer non-seulement sur le moment présent, mais encore sur notre avenir : elle décidera positivement des rapports qui désormais existeront entre nous, elle ne pouvait donc être écrite sans y avoir mûrement réfléchi. Je devais chercher dans mes tristes souvenirs tout ce qui s'est passé depuis notre longue séparation, et cette tâche était à la fois pénible et douloureuse. Que de plaies cruelles vont se rouvrir! mais il est nécessaire que tu connaisses mon histoire pour juger ma conduite et y conformer la tienne. Ce récit, que j'abrégerai cependant autant qu'il me sera possible, sera trop long pour que ma lettre puisse te parvenir aussitôt que tu l'attends peut-être; encore une fois tu vas accuser Larissa, tu vas être injuste envers elle; mais Larissa t'aime et te pardonne.

Tu te rappelles sûrement mon père Timantias; tu sais combien il aimait le faste, les grandeurs, quel prix il attachait à sa grande fortune, à ces jouissances de toute espèce dont il était environné dans sa belle demeure; enfin, à la gloire d'être l'un des citoyens de Nicomédie les plus riches, les plus considérés. Tu te souviens comment, il y a huit ans, il fut privé, par un jugement inique, de toute sa fortune et exilé de sa patrie; il se trouva tout à coup pauvre, abandonné, méprisé, jeté dans le monde avec sa malheureuse compagne et trois enfans auxquels il n'avait plus d'autre héritage à laisser que son déshonneur et sa misère. L'excès de son malheur versa dans son cœur une telle amertume, changea si complètement son humeur, son caractère, qu'il fut absolument différent de ce qu'il avait été jus-

qu'alors. Ce Timantias, qui faisait, par son esprit, sa gaîté, sa complaisance, les délices de
la société, le bonheur des siens, devint sombre,
misanthrope, et parfois très brusque, très im-
patient. Il se sauva avec nous dans les montagnes
de l'Arménie, où vivait un vieux parent qui lui
avait promis un asile en cas de malheur ; nous
fûmes accueillis comme la pauvreté l'est par la
richesse : notre oncle ne nous plaça ni dans sa
maison, ni à sa table, ni dans son cœur ; il en-
voya mon père, comme fermier, dans une de
ses terres, située dans un des climats les plus
rudes. Là dut vivre un homme accoutumé au ciel
délicieux de l'Asie mineure, à toutes les jouissances du luxe, au séjour d'une grande ville,
alors nourri, vêtu comme un esclave, forcé de
travailler de ses mains pour sa chétive subsis-
tance et celle de sa famille. Il y avait dans cette
situation trop de disparate : la dernière étin-
celle de courage et de patience s'éteignit au fond
du cœur de mon malheureux père ; l'humeur,
l'impatience, le découragement amenèrent à leur
suite les querelles et la discorde dans notre misérable chaumière, et là commença pour nous une
vie semblable à celle dont nos ancêtres mena-
çaient les méchans dans le Tartare. Laisse-moi
passer rapidement sur ces momens les plus tristes

de ma vie; mon séjour dans les montagnes de l'Arménie me paraît un précipice affreux que l'on n'ose regarder sans frémir.

Enfin, après trois mortelles années, le ciel, dont nous nous étions crus abandonnés, parut un peu s'éclaircir. Malgré la solitude où vivait mon père, il sut, graces à son génie, entretenir quelques rapports avec le monde qui l'avait repoussé; il conservait une correspondance avec un ami qui habitait la Syrie. Un jour il entra dans notre cabane avec un visage gai et serein, tel que nous ne l'avions vu depuis long-temps. Préparez tout, nous dit-il; demain nous quittons pour jamais cette misérable demeure où nous avons tant souffert. Nous craignions tellement mon père; qu'aucun de nous n'osa lui demander la raison de ce changement, malgré notre curiosité; nous obéîmes avec joie et en silence à ses ordres : la pauvreté est bientôt prête; dès le lendemain nous nous mîmes en route. Mon père et ses deux fils montaient alternativement un des deux mulets qui nous restaient, et ma mère et moi nous étions dans un mauvais chariot traîné par l'autre. Ma pauvre mère! je passe sous silence ses chagrins et ses fatigues, ainsi que le déchirement de mon cœur. Nous arrivâmes enfin à Apamée en Syrie; mon père y loua une

maison petite, mais commode; il ne nous dit
point la source d'où il tirait son bien-être, mais
nous y vécûmes avec une sorte d'aisance qui nous
paraissait de la richesse, comparée à notre sort
en Arménie. Mon père prit un nom étranger; il
passait pour un marchand arménien. Pendant
ces trois années de séjour dans ce pays, il en
avait pris l'accent et le costume; en sorte qu'il
eût été difficile d'établir des soupçons sur lui; il
ne s'occupait point de commerce, à ce qu'il nous
paraissait, et nous n'osions chercher à pénétrer
ses secrets. Au reste, notre situation domestique
aurait été supportable, pour moi surtout dont
les désirs furent toujours très bornés, si nous
avions retrouvé avec notre aisance les sentimens
d'amour, d'amité, de concorde qui régnaient
jadis dans notre intérieur; mais une fois perdus,
on ne les retrouve plus !

Pendant les premières années de notre bannis-
sement, je t'écrivis à plusieurs reprises, atten-
dant, mais inutilement, tes réponses avec une
inquiétude mortelle : je ne reçus rien de toi;
plus rien au monde que mon cœur ne me parlait
d'Agathoclès. A la fin, je cessai de t'écrire, et
dans l'horreur de mon chagrin, je n'eus pour
consolation que la triste idée que mes lettres ne
t'étaient pas parvenues, et que les tiennes, adres-

sées au coin le plus reculé de la terre, pouvaient facilement s'être perdues. Dès notre arrivée à Apamée, je fis encore des tentatives pour recevoir de tes nouvelles : je t'écrivis d'abord directement, puis sous des adresses différentes, puis à plusieurs de mes connaissances à Nicomédie, sur la fidélité et la discrétion desquelles je poupouvais compter ; mais tout fut inutile, pendant plus d'une année je vécus entre l'espérance et le découragement; je ne reçus de réponse de personne; la mort ou un oubli total de ta part furent alors les seules possibilités entre lesquelles j'eusse à choisir, et l'une ou l'autre étaient également cruelles pour un cœur froissé, déchiré. Soumise de nouveau avec une entière résignation à l'idée d'avoir perdu tout espoir, je traînai patiemment ma triste existence. Plusieurs étrangers avaient un libre accès dans notre maison, soit relativement aux occupations de mon père, soit à cause du goût qu'il avait repris pour la société; la plupart de ces hommes n'étaient pour moi que des figures passagères, insignifiantes, et qui ne m'inspiraient aucun intérêt. Cependant, dans la foule de ces visites et de ces connaissances, je distinguai peu à peu deux personnes. L'une d'elle était un vieillard respectable, de près de soixante-dix ans; il s'appelait Théophon; l'autre, nommé Appellès, était dans la force de l'âge; il avait près de quarante ans : on trouvait chez tous les deux le feu, la sensibilité de la jeunesse, joints à la solidité de l'âge mûr; l'un et l'autre étaient remplis d'esprit et d'instruction, faits pour intéresser tous ceux qui les entendaient; mais ils avaient à mes yeux un attrait de plus, c'était une douce gaîté, accompagnée d'un calme parfait, qui adoucissait chez Théophon l'austérité de de la vieillesse, et tempérait chez Appellès la vivacité et la force. Ils me furent chers tous les deux : je trouvai dans leur entretien, dans leur amitié, une source de consolations : Appellès m'instruisait en me racontant, avec tout le feu d'une imagination brillante, ce qu'il avait vu et fait pendant ses longs voyages. Théophon, avec sa profonde sagesse, m'inspirait du calme, de la résignation. J'eus bientôt l'occasion de me convaincre que leurs vertus n'étaient pas seulement dans leurs discours, mais qu'elles se montraient dans toutes leurs actions, avec amour pour tous leurs semblables, avec dévouement, bienveillance, avec un zèle actif et non interrompu pour tous les malheureux qui ne réclamaient pas en vain leur secours. Je m'efforçais alors de profiter, autant que possible, de leur société. Lorsque après quatre années de douleur et de peines, j'avais passé une journée sans que mes larmes eussent coulé, je puis le dire avec vérité, j'éprouvais un sentiment de contentement intérieur, et souvent leur aimable et sage entretien produisit cet effet. Enfin je me décidai à ouvrir en entier mon cœur au sage Théophon, à lui confier, non pas mon nom véritable, mon sort, c'était le secret de ma famille, mais, pour relever mon ame abattue, pour fortifier mon courage, mon amour sans espoir. Ah! que ne puis-je, Agathoclès, procurer à ceux qui souffrent comme moi, les paroles de paix qui coulèrent des lèvres de cet homme respectable! De telles consolations, de telles espérances, de tels encouragemens ne peuvent être donnés que par ceux qui sont initiés dans les mystères où Théophon puise sa doctrine, son éloquence si douce, si forte, si persuasive. Il détourna mon esprit des erreurs de ma jeunesse; il me fit voir dans l'avenir, et au-delà de ce monde fugitif, un tableau de bonheur pur et céleste, que ni les opinions de la religion dominante, ni les systèmes de la philosophie, n'auraient pu me faire trouver : il me fit voir à moi, pauvre infortunée, qui n'avais plus rien à espérer sur cette terre, les jouissances durables d'une meilleure vie, promise à ceux qui savent supporter les longues peines de leur courte existence; je devais retrouver là les objets de mon affection, les retrouver pour ne plus les perdre ; ni la mort, ni l'absence ne m'en sépareraient plus ; et en présence de l'Eternel, dans la contemplation de sa grandeur immuable, devait commencer une vie de gloire qui n'a de bornes que l'éternité. O toi, l'ami de ma jeunesse, pense à cette vie, à cet espoir ! Comment un cœur brisé, dont les tourmens ne devaient cesser que par la mort, aurait-il pu refuser de croire à une doctrine aussi belle, aussi consolante ? Je la reçus avec joie et conviction ; j'allai bientôt plus loin : guidée par la sagesse de Théophon, entraînée par l'éloquence d'Appellès, je fis de grands progrès dans la connaissance de la vérité, et dans les grands mystères qu'ils m'enseignaient ; j'appris, comme eux, à ne voir dans mes semblables que les enfans d'un même père ; j'appris même à aimer mes ennemis, à prier pour ceux qui m'avaient rendue malheureuse. Mon cœur prit son essor ; mes idées sur l'humanité, sur sa destination future s'éclaircirent et s'élevèrent ; les images trompeuses de divinités avilies, auxquelles je ne croyais depuis long-temps que par obéissance et non par persuasion, disparurent entièrement à mes yeux. Un seul Dieu tout-puissant, tout sage, tout bon, gouvernant et protégeant le monde, eut seul mon adoration :

le Tartare et l'Elysée n'existaient plus; mais cet
esprit, immense dans sa bonté comme dans sa
puissance et sa justice, récompensait ou punis-
sait, après la mort, chacun d'après ses actions.
Ceci et bien d'autres mystères qu'il ne m'est pas
encore permis de te communiquer, me furent
dévoilés par Théophon et par Appellès. Je devins
chrétienne; car, tu le sauras, ces deux hommes
sont de la secte de ceux qui prêchèrent, il y a
environ deux siècles, en Palestine et en Syrie,
la doctrine de son divin fondateur qui fut persé-
cuté, méconnu, poursuivi, et devint enfin la
victime de ses ennemis, parce qu'il voulut l'être.
Mais, encore une fois, Agathoclès, je ne puis à
présent te développer ce grand mystère d'amour
et de charité, que j'adore sans le comprendre;
tu n'es pas chrétien, toi, si digne de l'être; et
moi, Agathoclès, j'ai le bonheur d'être chrétienne. Cette doctrine, qui me remplissait de
terreur avant de la connaître, me remplit maintenant de joie et d'espérance; je l'ai embrassée
avec ardeur. O mon ami! la religion chrétienne
est celle des malheureux; chacun peut s'y réfu-
gier; elle a un baume pour chaque plaie de
l'ame, pour ces plaies cruelles que la main de
l'homme ne saurait guérir; et si elle nous impose
des obligations sévères, elle nous donne aussi,

par l'étendue de ses droits, un sentiment élevé de notre dignité, une grande confiance en nos propres forces, car nous sommes *enfans de Dieu ;* elle nous donne, par l'usage de nombreuses cérémonies à la fois touchantes, mystérieuses, les plus douces consolations, et un courage si fort au-dessus du courage humain, que le vrai chrétien sera toujours en état de supporter les fardeaux dont il peut être accablé, ou ceux que sa religion lui impose.

En voilà, sans doute, assez sur les motifs qui m'engagèrent à embrasser cette sublime religion, et sur les changemens qu'ont dû subir mes idées : je ne cherche pas à faire de toi un prosélyte, je veux seulement te raconter tout avec vérité, afin que tu puisses juger après cela, de ma conduite. Ma mère fut ma confidente ; les mêmes raisons qui m'avaient appelée dans le sein du christianisme se firent bientôt sentir à son cœur ; elle cherchait aussi un soulagement à ses peines journalières ; elle le trouva comme moi. Nous fûmes baptisées l'une et l'autre par Théophlon, l'un des anciens de la commune, et reçues au nombre des enfans de Dieu, des disciples de Jésus-Christ. Mon père n'était rien moins qu'un païen zélé, il était trop éclairé ; mais, d'après l'exemple de la cour, il méprisait plus encore la religion chrétienne : il disait qu'elle n'était qu'à l'usage des pauvres, des malheureux, et il ne voulait plus être ni l'un ni l'autre ; il ne fut point instruit de notre démarche, ce qui fut très-aisé, puisqu'il était absent la plupart du temps, et qu'en général il s'occupait fort peu de nous. Nous fûmes donc libres, ma mère et moi, d'assister en secret aux assemblées de notre église, aux Agapes, usage digne de respect, et qui t'en inspirera quand je te raconterai que toute la communauté, sans distinction d'état ni de rang, s'assied à la même table. Les riches fournissent les mets, les partagent, les mangent avec les plus pauvres ; on fait ensuite des contributions charitables, on prend ensemble des arrangemens pour offrir quelques soulagemens à ceux qui ont besoin de secours. Je dus encore à ma religion nouvelle et à ses saintes assemblées le premier bonheur de la vie, une amie suivant mon cœur. Je distinguai bientôt dans nos rassemblemens une femme du mérite le plus distingué, Junia Marcella, qui jouit de la plus grande considération à Apamée. A l'âge de vingt-huit ans, veuve d'un mari adoré, mère de six enfans en bas âge, jouissant d'une fortune considérable et des avantages d'une figure céleste, elle s'est vouée à l'éducation des orphelins et des enfans pauvres de la communauté ; elle

consacre sa vie à ce noble emploi. Je me liai
intimement avec elle. Ce fut avec l'aide de cette
ame toujours ouverte aux maux de ses semblables , à la fois courageuse, sensible, que mon
cœur si long-temps abattu se releva : je trouvai
enfin ce qui m'avait manqué depuis notre séparation, une amie qui m'écoutait, qui me compre-
nait, à qui je pouvais confier entièrement les
secrets de mon cœur, parler librement de mille
nuances que la différence d'âge , de sexe et ma
timidité m'avaient obligée de cacher à Appellès,
à Théophon, et même à ma mère. Si tu savais
combien je me trouvais heureuse avec Junia !
comme mon cœur se ranima ! comme tous ses
discours, toutes ses actions me prouvèrent d'une
manière incontestable la vérité , la sublimité de
notre religion ! ce fut chez elle que je vis Démétrius pour la première fois , chrétien lui-même,
et commandant alors les troupes en Syrie. Junia
possédait encore assez de charmes pour captiver
ce guerrier respectable : l'espoir d'obtenir sa
main l'avait attiré à Apamée ; mais irrévocablement décidée à ne vivre que pour ses devoirs
religieux et charitables elle refusa les propo-
sitions de Démétrius, qui fixa son attention
sur moi. Mon extérieur simple, sérieux parut
lui promettre ce qu'il désirait trouver chez sa

compagne. Il chercha à se lier avec mon père, à s'introduire dans notre maison. Mon père était alors malade ; des malheurs réitérés, des passions fougueuses avaient consumé ses forces ; il ne put se remettre, nous vîmes qu'il touchait au terme de la vie. La manière dont il était soigné fit espérer à Démétrius une même conduite de ma part à son égard, soit dans les infirmités de la vieillesse dont il approchait, soit qu'il reçût quelques blessures : il se décida donc à faire demander ma main à mes parens par Appellès. Mon malheureux père, qui ne connaissait que trop la situation cruelle où serait sa famille après sa mort, l'abandon où il allait nous laisser, vit dans cette demande un bonheur surnaturel qu'il n'aurait jamais osé espérer. Il donna son consentement, et, après tous les arrangemens préliminaires avec Démétrius, il me fit appeler pour m'annoncer ce qui m'était réservé : j'en fus effrayée, désespérée ; à genoux devant mon père, je le suppliai de retirer sa parole. Irrité de mes prières auxquelles il n'était pas habitué à céder , il exigea mon obéissance. Dieu ! quel sacrifice mon père demandait à sa pauvre Larissa ! Le mariage, Agathoclès, est, chez les chrétiens, indissoluble, sacré : je frémissais à l'idée de former ce lien avec un homme que je n'aimais point , tandis que tout mon cœur appartenait à un autre. Je tombai malade ; Théophon , Junia venaient souvent me visiter ; je leur confiai mes chagrins ; Junia, pensant encore au bonheur de son mariage, et sentant combien je serais malheureuse, s'offrit de parler à mon père ; Théophon, Appellès me promirent aussi leurs secours : ils firent ce qu'ils purent, jamais mon cœur ne l'oubliera ; mais lorsque tous les moyens de fléchir mon père furent inutilement épuisés , ils entreprirent de me préparer à la grande épreuve où Dieu m'appelait. Le vénérable Théophon versa tant de consolations dans mon ame tremblante, que j'eus enfin la force de venir auprès de mon père mourant , de lui obéir, et de me sacrifier ainsi pour ma famille. Je devins la femme de Démétrius ; jusqu'ici je n'ai aucune raison de regretter une démarche approuvée par la divine Providence , et qu'elle a récompensée par le bonheur de mes frères, par la tranquillité que cette union a répandue sur les derniers jours de mes parens, enfin par celle que j'éprouve moi-même dans le libre exercice de ma religion. O Agathoclès ! combien j'eus besoin d'être de cette religion qui m'apprenait à pardonner ! Après la mort de mon père, je trouvai parmi ses papiers toutes les lettres que je t'avais écrites : l'affranchi à qui je

les confiai, gagné par mon père, les lui avait
remises ; il me l'avoua les larmes aux yeux, et
m'apprit la haine invétérée de mon père contre
le tien, l'impossibilité où il était de supporter
l'idée d'une alliance avec lui ; il attribuait à ton
père, sinon sa perte entière, du moins une non-
chalance impardonnable pour le sauver. Seulement alors je sus pourquoi depuis cinq ans, je
n'avais aucune nouvelle de toi; je fus tranquillisée,
il est vrai, par l'idée que tu ne méritais aucun de
mes reproches si souvent répétés ; mais une aussi
longue séparation, une ignorance aussi complète
de mon sort avaient dû nécessairement affaiblir
ou détruire les liens qui te retenaient à Larissa :
j'en étais convaincue ; je me promis cependant
de ne plus rien tenter pour me rappeler à ton
souvenir. J'étais mariée, chrétienne, la femme
d'un chrétien : dans le christianisme, je crois te
l'avoir déja dit, le mariage n'est point une simple
convention, c'est un serment prononcé en face
de Dieu, reçu, béni par son ministre, de ne
jamais se séparer, de partager ensemble le bien
et le mal : ainsi donc, non-seulement le divorce
est interdit, mais un sentiment vif pour un autre
objet est un crime ; l'ame d'une chrétienne mariée doit être entière à l'époux que le ciel lui a
donné. Je suis obligée de te répéter cette vérité,

6.

Agathoclès, afin de te mettre à même de juger ma conduite depuis l'instant de notre entrevue. Ta lettre m'a attendrie ; toi , l'ami de ma jeunesse ! ne crois pas que tu puisses jamais m'être indifférent : si mon Dieu et mes devoirs me sont seuls plus chers que toi , ils ne me défendent pas du moins de me justifier à tes yeux , ni de chercher par mon amitié à adoucir ton chagrin , à ranimer tes forces pour t'engager à supporter avec résignation l'obstacle insurmontable qui doit nous séparer à jamais. Pense, mon ami , aux belles doctrines des sages que nous admirions autrefois ensemble ; rappelle-toi les résolutions que tu formais alors avec tant d'ardeur de surmonter par le courage toutes les épreuves de cette vie, et de maîtriser tes passions. Ah ! que ne puis-je te dire à ce sujet ce que ma religion m'inspire ! que ne peux-tu le comprendre ! Je veux aussi te tranquilliser sur ma situation : apprends que l'idée que tu as pu te former du sort de la femme de Démétrius est absolument fausse, je ne suis point malheureuse, mon époux me respecte, m'estime , c'est te dire la manière dont on me traite dans ma maison; il n'exige pas plus d'amour de ma part que moi de la sienne, et , crois-en mon expérience , l'amour n'est pas nécessaire au bonheur. Je suis contente de mon

sort; le seul souhait que j'aie maintenant à former est de te voir tranquille : crois-tu d'y parvenir mieux en t'éloignant ! Eh bien ! pars, fais les démarches nécessaires ; pars, mon ami, fuis des lieux qui renferment des souvenirs cruels et des sentimens qui deviendraient coupables. Lorsque tu seras parvenu à l'état de calme que je te souhaite, laisse-moi jouir de cette consolation, apprends-le-moi, et sois sûr que cette douce idée contribuera beaucoup à ma félicité. Adieu, cher Agathoclès, ne réponds pas à cette lettre, cela n'est ni nécessaire ni prudent : crois-moi, il est dangereux de parler souvent de ses sentimens. Le Dieu qui a dirigé notre sort d'une manière si étonnante, qui a permis que nous nous revissions encore (et sois sûr que c'est pour notre plus grand bien, puisqu'il l'a voulu, malgré ce que nous souffrons), ce Dieu, que j'invoque avec ardeur, t'accompagnera, te conduira ; partout où tu porteras tes pas, mes prières, mes vœux te suivront aussi, et si le plus ardent de tous mes souhaits s'accomplit, si la doctrine chrétienne peut émouvoir ton âme et la convaincre, ah ! combien alors je bénirai le douloureux moment de notre rencontre, et les maux qu'elle m'a coûtés ! Adieu, toi l'ami de Larissa.

AGATHOCLÈS A PHOCION.

Voila la longue lettre de Larissa : quelle douce mais triste occupation de te la copier ! J'ai pesé ainsi sur plusieurs passages que ma douleur m'avait empêché de saisir d'abord ; ils me prouvent qu'elle ne m'a pas oublié, et qu'elle m'aime encore autant que je l'adore : mais je ne peux ni ne dois lui répondre ; que pourrais-je lui dire ? Je suis incapable de tout, je ne puis que sentir la perte immense, irréparable que j'ai faite ; chaque ligne, chaque mot de cette lettre me l'a rendue plus sensible. Avoue, Phocion, qu'une religion capable d'inspirer à une femme autant de courage et de constance pour remplir ses devoirs, doit être bien sublime. Dans ce moment je la déteste, puisqu'elle me prive de tout espoir, et cependant je suis forcé de l'admirer. Adieu, Phocion ; lorsque je serai plus maître de moi et de mes sensations, lorsque je pourrai réfléchir librement, lorsque des espaces immenses seront entre moi et Larissa... je t'écrirai, si je le puis ; jusque-là, adieu.

LETTRE XX.

LARISSA A JUNIA MARCELLA.

Edesse, juin 301.

J'AI été mise, ma chère Junia, à une bien rude épreuve. Convaincue que Dieu me l'envoie, je n'ose me plaindre; dois-je méconnaître son intention paternelle? Il veut que je souffre, il veut m'imposer des devoirs: dois-je en demander la raison? Il le veut, cela me suffit; je dois supporter tout tranquillement, combattre, agir comme ma conscience me le dicte; certainement Dieu ne m'abandonnera pas; il soutiendra mon courage, il me fera sortir victorieuse, et si l'épreuve est au-dessus de mes forces, si elle doit me coûter la vie, ah! qu'elle sera bien venue l'heure fortunée qui me délivrera des peines de cette vie et m'ouvrira les portes du séjour où il sera permis d'aimer, où je serai réunie un jour avec ce que j'ai toujours aimé!

Comme je te l'apprenais lorsque je t'écrivis, j'avais pris la résolution d'éviter, autant qu'il me serait possible, celui que je n'ose plus voir et que je ne puis oublier. Je tins ferme pendant six jours; le matin du septième, le fidèle Anicettas, ancien serviteur de mon père, et qui m'a suivie, entra chez moi et me remit une lettre... J'hésitai quelque temps à la recevoir ; j'avais reconnu sur l'adresse l'écriture d'Agathoclès : cette écriture que je voyais avec tant de plaisir au fond de ma corbeille, m'était trop bien connue ; je tremblais, et encore une fois je demandais à ma conscience si je pouvais prendre une lettre qui m'était adressée par lui ; mais la conviction du chagrin mortel qu'Agathoclès éprouverait si je la renvoyais, peut-être aussi le désir ardent de savoir ce qu'elle contenait, l'emportèrent. Je la reçus, je m'enfermai dans ma chambre la plus reculée ; je lus, et j'eus la douce certitude de voir que j'étais encore aimée. Ah, Junia ! laisse-moi jouir de ce bonheur, le plus grand de tous ceux qui nous sont accordés ; être aimée de celui que je chéris depuis mon enfance, serait une félicité parfaite, si je n'y joignais la cruelle idée que ce sentiment le rend malheureux ; il se flatte d'espérances illusoires, qui le rendront plus malheureux encore quand il sera obligé d'y renoncer. O ma Junia ! quelle lettre ! Il finit en me disant que si je ne partage plus son amour et ses projets, il veut s'éloigner de moi pour jamais. Puis-je le partager ? moi la femme d'un autre, moi déjà trop coupable par mes sentimens se-

crets; moi qui sens au fond de mon cœur une
flamme que ni le temps, ni l'absence, ni mes
efforts ne pourront éteindre! O Junia, Junia! je
suis tombée, dans un abîme profond; je me
perds chaque jour davantage; je me reconnais
coupable, et cependant je manque de forces
pour me vaincre. Vertueuse Junia, viens à mon
secours, sois encore et pour toujours mon égide;
je ne veux rien te cacher, tu liras dans mon
faible cœur, tu l'aideras à triompher d'un sentiment condamnable, ou du moins à le soumettre
à mes devoirs : mais puis-je être coupable, Junia,
en adorant la vertu même sous les traits de cet
ami de mon enfance que j'aime depuis que j'ai
senti battre mon cœur? Tu le vois, mes pensées s'égarent, je ne sais ce que je dis; je vais
imposer silence à ce cœur rebelle, et continuer
mon récit.

Lorsque j'eus lu la lettre d'Agathoclès, je
sentis la nécessité de lui répondre : mais que lui
dire? que lui répondre? l'épouse de Démétrius
ou l'amie d'Agathoclès? Je ne veux ni flatter ses
espérances, ni le laisser pénétrer dans mon cœur;
je veux moins encore déchirer le sien; n'est-il
pas déja assez malheureux? Je pris et je posai
cent fois la plume avant de pouvoir tracer un
mot; mais lorsque j'eus commencé à raconter à

mon ami tout ce qui m'était arrivé depuis notre séparation, je ne pouvais ni m'arrêter ni finir. Lis, mon amie, la copie de ma longue lettre, écrite deux jours après avoir reçu la sienne... tu y trouveras bien des traces de mes larmes... Je ne sais si je m'abuse, mais il me paraît qu'elle est ce qu'elle devrait être; elle lui prouve à la fois et mon amitié et l'impossibilité d'un changement quelconque dans notre sort; je lui fais sentir avec force nos devoirs réciproques, je l'invite au sacrifice pénible que la vertu demande de nous, à la résignation, dont sa malheureuse Larissa a tout autant besoin que lui. J'ai fait ce que j'ai pu pour le convaincre que Démétrius me rend heureuse; mon devoir m'obligeait de parler ainsi; mais j'ai bien peur d'y avoir été entraînée plutôt par le désir de lui épargner une peine de plus... Cela n'est pas bien, Junia; mes devoirs devraient être au premier rang; mais, hélas! j'aime, j'aime avec passion! Depuis que je connais mon cœur, je n'y ai vu d'autre image, je n'ai aimé que lui seul au monde, j'ai mille fois fait le serment de l'aimer toujours; mon existence lui appartient tout entière... et je suis la femme d'un autre! idée terrible! Que dois-je faire, Junia? Qui m'aidera à me préserver de moi-même?

JE n'ai pu continuer ce matin à t'écrire ; mon esprit était trop agité ; depuis, une occupation soutenue et la prière ont calmé mon ame. Je poursuis ma narration.

Le lendemain du jour où j'avais répondu à Agathoclès, où j'espérais et craignais tout à la fois qu'il n'exécutât son projet de s'éloigner, Démétrius vint m'annoncer qu'il avait invité mon compatriote et mon ami à manger avec nous. Le peu d'attention qu'il donne ordinairement à ceux qui l'entourent, et surtout à moi, fut cette fois un bonheur ; il ne vit point l'effroi que me causait cette nouvelle ; j'eus le temps de me remettre et de me croire assez bien préparée, lorsque, après une couple d'heures, Démétrius entra dans la salle à manger, tenant par la main Agathoclès. Hélas ! je m'étais fait illusion : à la vue de l'objet de tant d'amour, de tant de peines, je faillis perdre connaissance, et je fus incapable de prononcer une parole. Son calme, son sang-froid me firent rougir ; il s'approcha de moi avec la politesse amicale qu'on témoigne à une ancienne connaissance. Démétrius parut satisfait de notre rencontre ; il parla plus qu'à l'ordinaire. Le repas servi, nous nous

plaçâmes autour de la table. Agathoclès montra
un tel empire sur lui-même , que je pus enfin
revenir de mon émotion et prendre part à
l'entretien. O Junia ! c'est l'ame d'un héros !...
Cette ame m'appartenait toute entière, et j'ai pu
la perdre, la perdre pour jamais...

Il est probable que je verrai souvent Agathoclès : il ne parla point de son projet de départ ;
et pour rien au monde je n'aurais voulu l'inter-
roger là-dessus. Démétrius, sous son apparence
dure et sévère, sait apprécier le mérite ; il distingue Agathoclès de tous les officiers, et donne
à son zèle et à son courage des louanges con-
tinuelles ; il est à présent du petit nombre de
ceux qu'il admet dans son intimité. Voilà , chère
Junia, ce que j'appelle avec raison la plus cruelle
des épreuves. Je voudrais, je t'en fais le serment,
employer toutes les forces de mon âme à me
tranquilliser, à me ramener insensiblement dans
la voie du devoir..... Mais le voir sans cesse ;
non, Junia, je ne le puis plus sans m'exposer à
un danger dont je frémis. Comment, sans le
redouter, entendre ses louanges, le son de sa
voix, me pénétrer toujours de plus en plus de
cette noblesse d'ame qui se peint dans chaque
mot qu'il prononce, et se grave au fond de mon
cœur. Il est résigné, lui, bien plus que je ne

puis l'être. Ah! que les femmes sont malheu-reuses! Tout les livre au penchant qu'elles doi-vent combattre, et tout en distrait les hommes : au milieu des combats, du bruit des armes, de la poursuite de la gloire, de mille occupations multipliées, il leur est facile de faire taire les passions, et de ne laisser aucun pouvoir à leur imagination; mais nous, renfermées avec notre ennemi secret, sans cesse présent à nous sous les formes les plus séduisantes, que nous reste-t-il donc pour le fuir ou l'éviter? L'entretien in-sipide des esclaves dont nous sommes entourées, des occupations plus insipides encore, le fuseau, l'aiguille, la navette peuvent-ils arrêter la pen-sée? empêcheront-ils mille impressions dou-loureuses de torturer notre ame? La lecture, la prière ne sont pas même suffisantes; au milieu d'exercices religieux, ou de pensées sublimes nées de quelque livre intéressant, l'esprit en désordre s'envole et rejoint l'objet qui nous pa-raît encore et plus noble et plus beau.

Quelques jours plus tard.

QUE n'ai-je ici, comme à Apamée, une amie, un conseil tels que toi et Théophon! Tu me soutiendrais, Junia, et l'esprit divin du saint homme parviendrait à détacher le mien de l'objet qui l'occupe sans cesse, de cet objet qui me rend si coupable; je retrouverais avec vous la force de remplir mes devoirs, et la tranquillité qui me fuit. Junia, Junia, prie au moins pour ta pauvre Larissa livrée à elle-même, à son ennemi, privée de tout secours étranger.

L'espoir que j'avais du départ d'Agathoclès est évanoui; le penchant de Démétrius pour lui s'augmente chaque jour; il lui a donné toute sa confiance pour des opérations militaires qui l'obligent à rester ici. Je me flattais que mon époux ne voudrait pas me laisser exposée aux hasards de la guerre, et qu'il ordonnerait mon éloignement; je suis encore trompée dans cette attente. Les hostilités sont commencées, nos troupes se sont avancées, déja des rencontres ont eu lieu, déja le sang de Démétrius et celui d'Agathoclès ont coulé. Tu comprends que ce sont des blessures bien légères, puisque je ne t'en ai pas parlé d'abord; mais c'est assez pour m'inquiéter mortellement, et sur leurs dangers, et sur ma situation. Démétrius, loin de penser à m'éloigner de lui et du théâtre de la guerre, paraît désirer que j'en sois assez près pour le soigner s'il était blessé. Hier, une scène bien pénible à soutenir me prouva combien je suis exposée à me trahir. Démétrius revint avec Agathoclès d'un combat

où l'un et l'autre avaient été légèrement blessés.
Je me présentai pour les panser. Tu n'exigeras
pas de moi de te peindre l'excès de mon saisissement ; Démétrius était blessé à la jambe, Agathoclès à la main ; je m'avançai vers celui-ci sans
savoir ce que je faisais ; je saisis cette main en-
sanglantée, et mes yeux se remplirent de larmes;
lui-même était vivement ému ; cette main que
je tenais tremblait dans les miennes; son regard
était si tendre, si expressif! je ne pus le soutenir,
je tremblai et fus contrainte de m'asseoir. Démétrius croyant que la vue du sang produisait
cet effet sur moi, me gronda. Larissa, me dit-il
avec humeur, quelle est cette faiblesse? apprends
à te surmonter ; la femme d'un soldat doit être
familiarisée avec les blessures ; viens panser la
mienne. Je me levai et me mis à genoux devant
le siège où il était assis. Je ne sais comment je fis
pour réussir dans cette opération ; il loua beaucoup mon intelligence, et me dit d'aller soigner
Agathoclès. Je le cherchai des yeux , je le vis
appuyé sur la fenêtre, la tête dans ses mains. Tu
souffres , lui dis-je doucement, donne-moi ta
main ; il se retourna de mon côté. Ah, Junia !
non, je ne me suis point trompée, des larmes
coulaient des yeux du guerrier ; je ne pus alors
retenir les miennes. Viens, lui dis-je dès que je

pus prononcer un mot, il faut que je panse ta main. Il me suivit auprès d'une table sur laquelle on venait de déposer tout ce qui m'était nécessaire, et s'assit vis-à-vis de moi. Je m'emparai de sa main qui tremblait autant que la mienne ; ses yeux se fixèrent sur moi, je n'eus pas la force de les éviter une seconde fois, je ne détournai pas les miens : il y vit assez ce qui se passait au fond de mon ame. A son tour, il saisit ma main et la pressa sur son cœur ; mes larmes devinrent si abondantes, que je ne voyais plus ce que je faisais. Il passa un bras autour de moi, et me dit à voix basse : O ma Larissa ! comment est-il possible de renoncer à toi ? Mon saisissement devint si fort, que je ne pouvais articuler un seul mot ; mais je parvins facilement à détourner son bras : il céda à mon premier mouvement pour me dégager. La présence de Démétrius, l'idée qu'il pouvait nous avoir vus, m'anéantit ; je me retournai : heureusement il était placé du côté opposé. Agathoclès me comprit ; il recula un peu, son regard se fixa sur la terre, il me tendit sa main blessée, et j'achevai le pansement. Souffres-tu encore beaucoup ? lui demandai-je alors. Les douleurs ont cessé, me répondit-il, tu m'as guéri. Son regard me fit assez comprendre le sens de ces paroles ; il serra encore une fois

ma main , et sortit précipitamment. Je rangeai
aussi promptement que possible mes instrumens,
mes ligatures, et je me retirai, afin de me remettre pendant quelques instans d'une si grande
émotion , avant de revenir auprès de Démétrius.
Quelles larmes brûlantes, et cependant bien
douces , je répandis encore! Cette scène ne sera
pas la dernière de ce genre, et je ne vois nulle
part de secours contre la faiblesse de mon cœur.
Démétrius, dont les principes sur les devoirs des
femmes sont très sévères , accoutumé d'ailleurs
à une foule de soins qu'il n'aime pas à recevoir
de ses domestiques , exige absolument que je
l'accompagne tant que ma sûreté personnelle ne
courra aucun danger. J'ai cherché à le dissua-
der , j'ai feint des craintes que je n'avais pas ;
mais la véhémence avec laquelle il m'a répondu,
m'a prouvé que je ne puis, sans l'offenser cruel-
lement , résister à sa volonté et le quitter. Je
n'ose y penser ; je connais par expérience les
suites de sa colère, et je sais que mon premier
devoir est de lui obéir, de le soigner. J'ai juré
obéissance aux pieds des autels ; mais n'ai-je pas
juré aussi fidélité entière? Ah, Junia ! que devenir ? Je reste... avec le pressentiment que bientôt
j'en serai la victime. Déja deux fois j'ai été ré-
veillée au milieu de la nuit par un bruit ef-

froyable ; un officier est entré dans ma chambre sans être annoncé, pour m'ordonner, de la part de Démétrius, de tout disposer pour partir dans une heure avec mes gens. L'ennemi s'avançait, Démétrius était allé à sa rencontre, et le temps trop court pour connaître l'issue du combat, ne me laissait que le soin urgent de penser à ma sûreté. J'étais si effrayée que je pouvais à peine donner les ordres nécessaires. Démétrius et Agathoclès n'étaient-ils pas en danger ? chaque instant ne pouvait-il pas me priver de l'un des deux ? Enfin, après avoir tout préparé, et dans l'attente des ordres pour partir, j'entendis des cris de joie, et le son de nos trompes annonçant le retour de nos guerriers. Cette fois le danger s'est écarté de moi ; mais puis-je y compter toujours ? O Junia ! quel surcroît cruel à mes maux ! Avoir à trembler pour ceux qui me sont aussi chers, n'est-ce pas le plus grand de tous ? Adieu ; écris-moi, plains-moi, et raffermis mon courage.

LETTRE XXI.

AGATHOCLÈS A PHOCION.

Du camp devant Nisibis, août 301.

Un grand espace de temps s'est écoulé, cher ami, depuis la dernière lettre où je t'apprenais que j'avais retrouvé ma Larissa, avec la certitude cruelle de l'avoir perdue à jamais; enfin que j'étais le plus malheureux des êtres. Des jours sans aucun repos succèdent à des nuits sans sommeil; je sens en même temps et l'inutilité de ma passion, et l'impossibilité de la vaincre; chaque jour passé près d'elle augmente et mon amour et mon malheur. Phocion, pourquoi les Dieux sont-ils pour moi si cruels, si inexorables? Mon cœur est-il donc coupable? Ai-je mérité les tourmens que j'endure et la vengeance des Euménides? J'adore, il est vrai, la femme d'un autre homme; mais ces Dieux qu'on veut que je respecte et que j'encense, ne m'en donnent-ils pas l'exemple? Jupiter, le roi des Dieux, n'a-t-il pas souvent... mais attesterai-je, pour ma justification, ce que je ne puis croire, et des Dieux que je suis près d'abandonner? Ce n'est pas seulement mon amour pour Larissa qui cause mon trouble, mes combats intérieurs : la religion chrétienne m'interdit jusqu'à cet espoir que la mienne autorise; elle me sépare pour jamais de la seule femme que j'ai aimée; et, malgré la sévérité de sa doctrine, de ses principes, je me sens involontairement entraîné à les admirer, à les respecter. De tous côtés je vois autour de moi des êtres dont la croyance me paraissait autrefois ridicule, que je traitais de fanatiques insensés, parce que je les jugeais d'après mes préjugés, d'après tout ce qu'on m'avait enseigné dès mon enfance; mais depuis que je vis avec des chrétiens, j'ai changé d'opinion sur leur religion; j'y ai trouvé les idées les plus grandes, les plus sublimes, et les espérances les plus consolantes : chez eux les plus nobles efforts n'ont pour but que de plaire à un Dieu unique, souverainement saint, qui les voit, les inspire et les récompense dès cette vie; car, dans leurs principes, l'homme vraiment sage et vertueux ne peut être malheureux, lors même qu'il immolerait à son devoir ou à son Dieu, tout ce qui lui est cher et précieux ici-bas. Ne serait-ce pas là, Phocion, le résultat des systèmes de nos sages philosophes de l'antiquité? Ils ont entrevu ces grandes vérités; mais, privés de base, ils erraient à l'aventure au gré de leur imagination, sans savoir où s'arrêter. Chez eux tout était obscurité, chez les chrétiens tout est clarté ; les philosophes doutaient de tout, et le chrétien croit tout avec une foi vive et une conviction entière ; même sans être de leur secte, on se sent entraîné à admirer leurs principes, à leur envier cette tranquillité, cette paix intérieure, qui émoussent pour eux les traits du malheur et ne les abandonnent pas même dans les circonstances les plus fâcheuses. Larissa, je n'en suis que trop sûr, ne peut être heureuse avec un époux qui n'est pas du choix de son cœur ; sévère quelquefois, même jusqu'à la dureté, il aime sa femme. Qui peut vivre avec Larissa et ne pas l'adorer ? Mais il ne le lui témoigne jamais : eh bien ! Larissa ne se permet pas une plainte, pas un murmure ; elle dit qu'elle est contente de son sort. Que ce soit par ménagement pour Démétrius, ou pour ne pas m'affliger qu'elle parle ainsi, ou enfin par un motif de résignation religieuse, elle n'en est pas moins sublime à mes yeux ; mais je ne me sens pas la force de l'imiter : accablé sous le poids de mes peines, je voudrais briser les liens de mon existence, et trouver la paix du tombeau.

Nous avons quitté Édesse ; quelques avantages gagnés sur l'ennemi nous ont permis d'avancer jusqu'ici : nous sommes devant la ville de Nisibis, encore occupée par les Persans ; Démétrius en a formé le siège dans la confiance d'un renfort que Galérius lui a promis. Il a ordonné à Larissa de l'accompagner, il l'oblige à supporter tous les dangers, toute la fatigue de la vie militaire : rarement, bien rarement, elle en est dédommagée par la tendresse, par la reconnaissance de celui à qui elle sacrifie toutes les douceurs d'une vie tranquille. Et moi, Phocion, je suis condamné à voir, à sentir tout ce qu'elle doit souffrir ; je dois me taire ; il faut même que je lise, tracé de sa main, et que j'entende de sa bouche, *qu'elle est contente de son sort*, de ce sort si différent de celui dont elle eût joui avec moi, perdu pour elle sans retour ! Non, je ne puis supporter cette pensée, je ne puis la voir appartenir à celui qui ne sent pas la valeur du trésor qu'il possède. J'ai déja cherché à Edesse à m'éloigner, à obtenir une autre destination qui me plaçât loin du cercle dangereux où je suis retenu comme par magie ; mais Démétrius, au lieu de me laisser partir, veut que je sois du petit nombre des intimes qui le suivent constamment , et je suis celui à qui il accorde le plus de confiance : ainsi je vois Larissa tous les jours, je suis continuellement le témoin de sa vertu, de ses combats, de la victoire qu'elle remporte sur elle-même ; mais aussi, Phocion ! je le suis quelquefois de sa faiblesse ; et c'est alors ,

c'est au milieu du bonheur de me sentir aimé,
que je me trouve mille fois plus malheureux encore. Oui, Larissa m'aime, je le vois, je le sens
à chaque instant malgré ses efforts pour le cacher.
Quelquefois cette flamme qui la dévore perce et
me consume. L'autre jour, une légère blessure à
la main et l'ordre positif de Démétrius l'obligèrent
à s'occuper de moi; avec qu'elle tendresse elle
me soignait! Ses mains tremblantes serraient la
mienne pour empêcher le sang de couler, et ses
larmes les inondaient; tout était oublié, elle ne
voyait, elle n'aimait plus que l'ami de sa jeunesse.
j'avais retrouvé ma Larissa, ma tendre amie. O
Phocion! et moi aussi j'oubliais tout, tout jusqu'à
la présence de Démétrius; déja je la pressais
contre mon cœur; j'allais jurer sur ses lèvres un
amour éternel, son regard m'arrêta; il se tourna
vers son époux, et la foudre tomba de nouveau
sur moi : je crus apprendre seulement alors l'obstacle qui nous sépare à jamais; frémissant du
danger ou je l'avais exposée, j'évitai, pendant
qu'elle me pansait, ce regard que je ne puis supporter, qui porte dans tout mon être un trouble,
une émotion que je ne suis plus le maître de cacher. J'ignore s'il existe un mortel assez insensible
pour voir de sang-froid le regard de Larissa, même
lorsqu'il n'exprime que la simple bienveillance;

mais quand c'est l'amour le plus passionné!...
Phocion, que tu voies une seule fois les yeux de
Larissa se fixer sur Agathoclès, et tu comprendras
tout ce qu'ils me font éprouver : jamais aucune
femme n'a pu m'en donner une idée, pas même
cette dangereuse Calpurnie, que j'ai craint d'aimer
avant d'avoir retrouvé Larissa. Combien je me
trompais! Mes yeux seuls admiraient la beauté
de Calpurnie : jamais mon cœur n'a senti auprès
d'elle la moindre de ces émotions que me fait
éprouver un seul regard de Larissa ; elle n'est pas
belle cependant à côté de la brillante Calpurnie!
Peut-être, au premier moment, ne serait-elle pas
regardée! mais celui qui aura passé un jour avec
elle ne voudra plus regarder qu'elle. Sa taille,
moins haute, moins majestueuse que celle de
Calpurnie, a une grace, une élégance remarquables qu'elle ne doit qu'à la nature. Son teint
peu animé se colore doucement à la moindre
émotion. A l'exception de ses yeux, dont la
coupe, l'expression, la couleur sont vraiment
uniques, ses traits n'ont rien de frappant, mais
tous sont d'accord pour peindre son ame et sa
pensée; avant qu'elle ait parlé, on devine, en la
regardant, ce qu'elle va dire, et sa physionomie
est le miroir de chaque impression qu'elle éprouve;
ainsi la bonté, la sensibilité en sont l'expression

habituelle ; et lorsqu'un sentiment plus exalté se joint à cette expression, se peint dans ce regard vraiment céleste, quel mortel pourrait y résister? J'ose avancer que s'il en existe un, le prix de la vertu n'est pas pour lui ; il est à coup sûr dénué de toute sensibilité.

Huit jours plus tard.

Il y a long-temps que je n'ai reçu de tes nouvelles; peut-être qu'en temps de guerre les lettres se perdent aisément. Nous sommes encore devant Nisibis, mais pas pour long-temps; la ville est cernée de tous côtés ; depuis quelques semaines Démétrius attend chaque jour inutilement le renfort que César Galérius lui avait promis ; il ne peut plus résister à l'impatience, aux murmures, au désir du soldat d'enlever la place d'assaut ; il est d'ailleurs urgent que cette affaire se décide, la chaleur et les maladies commencent à se faire sentir dans notre camp. Si le renfort n'arrive pas bientôt, si l'assaut n'a pas lieu, nous serons forcés de nous retirer, d'abandonner honteusement une entreprise commencée avec courage, et d'une grande influence pour l'issue de cette guerre. Si Nisibis n'est pas à nous, j'avoue que j'espère peu de cette campagne. Il est d'ailleurs positif que l'ancienne inimitié entre

Galérius et notre général est plus que suffisante pour faire manquer l'entreprise du siège de Nisibis, que Démétrius a formée sans y réfléchir assez, et dont il pourrait bien être la victime. Galérius sacrifiera tout pour perdre l'homme qu'il déteste. Démétrius est l'objet de la haine invétérée de Galérius pour les chrétiens. Toujours fidèle à sa religion, et cherchant à la répandre autant qu'il le peut ; Galérius poursuit partout ces sectaires, il voudrait les anéantir ; et sans la politique de Dioclétien qui les protège, je ne doute pas que nous ne vissions bientôt une persécution généralement établie contre eux, et leur sang couler par torrens ; j'en frémis, car je ne puis m'empêcher de les aimer : ma Larissa n'est-elle pas une chrétienne.

Deux jours plus tard.

Ce que nous devions craindre depuis long-temps, et que nous n'osions nous avouer, est devenu une certitude ; Galérius ne nous envoie aucun renfort ; il a l'esprit assez vil pour sacrifier à ses passions, à sa vengeance l'armée et le sort de la guerre ; nous sommes abandonnés ; mais Démétrius trouve dans sa fermeté, dans celle de ses troupes, des forces suffisantes pour arriver au but que la haine voulait l'empêcher d'atteindre. Demain l'assaut commence ; les béliers, les catapultes, les échelles, enfin tout ce qui est nécessaire pour cette expédition dangereuse est prêt ; l'armée est de la meilleure volonté. Un exprès que j'expédie te remettra cette lettre et le rouleau ci-inclus qui contient mes dernières dispositions sur ma fortune : qui sait si jamais nous nous reverrons ? J'ai devant moi une journée imposante : mon dévouement, mes supplications ont enfin obtenu de Démétrius de me placer au poste le plus dangereux. Cette confiance m'honore, et ce danger me promet, ou une réputation brillante, ou, ce que je préfère mille fois, le seul remède à mes maux ; j'attends donc tranquillement le jour de demain...

Il est minuit, tout est calme ; un être charmant, j'ose le croire, veille en même temps que moi, et prie pour la conservation de mes jours. O Larissa ! lorsque demain tu apprendras peut-être que ton ami n'existe plus, tes combats pénibles feront place à la sensibilité ; tu oseras verser quelques larmes pour l'ami de ton enfance. Console mon père, Phocion. Si son fils unique est frappé, il retrouvera un instant toute sa tendresse paternelle ; alors quitte Athènes et reviens à Nicomédie : mon testament renferme mes intentions à cet égard ; ton esprit doux et tranquille, ton dévouement le dédommageront de la perte de ses trois fils morts à la fleur de leur âge, et il oubliera bientôt celui qu'il a le moins aimé : ainsi, Phocion, tous ceux qui me furent chers gagneront à ma mort, et personne n'en souffrira : le temps sèche toutes les larmes. Adieu, Phocion, je sens dans mon cœur que nous nous reverrons : de quelle manière, sous quelle forme, je l'ignore encore ; mais demain, peut-être, un dard, un cimeterre me donnera l'heureuse faculté de le savoir avant toi, et d'aller t'attendre dans un meilleur monde.

LETTRE XXII.

LARISSA A JUNIA MARCELLA.

Du camp devant Nisibis, septembre 301.

DEMAIN, à l'aube du jour, Nisibis sera attaqué d'assaut ; Démétrius conduit lui-même son armée. Agathoclès, à force de prières, vient d'obtenir le poste le plus dangereux. Je comprends très bien le vœu de son cœur, *la gloire ou la mort* : telle est sa devise : son ame forte trouvera dans l'une ou dans l'autre le calme dont il a besoin. Mais ta Larissa, chère Junia, que deviendrat-elle après le jour affreux qui se prépare ? C'est ce dont personne ne s'occupe, et moi-même bien moins encore. Je puis aussi peu écrire que penser avec quelque suite. Depuis deux mois je n'ai rien reçu de toi, Junia, et demain peut-être m'adresseras-tu en vain les paroles de ta tendre amitié, je ne pourrai plus les entendre : mon cœur est si oppressé ! Tantôt je sens circuler mon sang avec véhémence, et l'instant après il me semble déja glacé. J'ai beaucoup souffert en ma vie, mais jamais je n'avais éprouvé une telle angoisse; je ne puis même prier ; je me prosterne, mais pas une idée nette ne se présente à mon esprit, je ne fais que gémir; les larmes, seul bien qui reste aux malheureux, me sont aussi interdites ; ma tête brûle, et pas une larme ne vient la rafraîchir. Prie pour moi, Junia... que veux-je ? dans quel but ? Hélas ! bien avant que cette lettre te parvienne mon sort sera décidé ! Ma main tremble si fort que je ne puis écrire. Adieu.

LETTRE XXIII.

LARISSA A JUNIA MARCELLA.

Nisibis, septembre 301.

LA coupe amère du malheur a passé cette fois loin de ton amie; Nisibis est conquis, Démétrius et Agathoclès vivent encore ; ce dernier n'a point de blessures, et mon époux, graces en soient rendues à Dieu, n'en a que de légères. Ah, mon amie ! je me trouve si heureuse, et cependant combien de dangers m'entourent encore ! mais je les oublie, et ne cesse de rendre des actions de graces à l'Etre suprème qui m'a conservé deux êtres si chers à mon cœur, et m'a préservée du désespoir. Il a plu à la Providence, dont les voies mystérieuses ont toujours dirigé ma vie, de former entre mon ami et moi un nouveau lien. Ce sentiment, qui me paraissait si condamnable, est à présent justifié : il m'est permis de l'aimer, de le chérir comme un bienfaiteur : Démétrius doit la vie à la fidélité, au courage, au dévouement d'Agathoclès : ô Junia! quel sentiment divin renferme cette idée ! Il m'est permis de l'aimer, de le regarder comme un frère, et j'ose lui montrer cette amitié si pure, cette reconnaissance si tendre ; loin d'être un crime, elles sont devenues un devoir. Junia, je suis satisfaite, je ne demande plus rien ; et quand même mon bonheur actuel ne devrait pas durer, j'aurai du moins été heureuse pendant ce court espace : ce moment m'appartient ; l'avenir, quel qu'il soit, ne peut me priver de ce rayon de lumière qui a ranimé mon existence ; il me donnera la force de supporter les malheurs qui m'attendent , car je vois déja l'horizon s'obscurcir , mais non encore pour moi, Junia. Démétrius , Agathoclès vivent, et tout est maintenant bonheur pour ta Larissa.

Je vais te donner quelques détails sur cette mémorable journée qui m'a causé tant de sollicitudes. Malgré les dangers de son poste Agathoclès, le premier , escalada les murailles. Tu me permettras de passer sous silence cette scène de carnage et de mort. Après un combat de deux heures, nos troupes entrèrent dans la ville, leur commandant à leur tête : Démétrius, d'un autre côté, réussit aussi dans son entreprise; mais comme l'ennemi s'était attendu que l'attaque aurait principalement lieu sur ce point le plus faible de la place, il rencontra une plus grande résistance; le combat fut de part et d'autre d'une opiniâtreté sans exemple. Ce fut ainsi que les nôtres arrivèrent jusque sur une grande place où la garnison fit payer cher chaque pouce du terrain que nos troupes lui enlevèrent. Démétrius, enfin maître de cette place, vit sortir tout à coup d'une petite rue un corps de troupes ennemies, très supérieur en nombre, qui l'attaqua avec impétuosité, ses braves soldats tombaient autour de lui : presque seul il se défendait contre ces furieux, et allait succomber. Un des siens eut la présence d'esprit de courir vers Agathoclès, et de l'avertir du danger imminent dont son général était menacé. Oubliant toute considération personnelle, dédaignant jusqu'à la gloire de la victoire qu'il avait remportée, Agathoclès rassembla à l'instant quelques soldats dévoués, et, mille fois, au risque de sa vie, se fit jour à travers l'ennemi pour arriver à Démétrius, le joignit au moment où mon époux, déja tombé, allait recevoir le coup mortel; en parant de son cimeterre l'arme déja levée sur la tête de Démétrius, en le couvrant de son bouclier, il défendit ainsi la vie du général au risque de la sienne, jusqu'à l'arrivée d'un renfort qui permit au vertueux Agathoclès de soigner celui qu'il venait de sauver; il le porta lui-même dans une maison voisine, en s'occupant uniquement des arrangemens nécessaires pour soulager le blessé. Dès que l'ennemi eut entièrement évacué la place, il me dépêcha un exprès avec tout le ménagement dont son cœur est susceptible. Je volai vers Démétrius, je le trouvai, il est vrai, faible, souffrant, mais de très bonne humeur; satisfait de la victoire, et plein de reconnaissance pour *son sauveur*, c'est ainsi qu'il se plaisait à nommer Agathoclès, il m'ordonna de le regarder comme

un frère, comme un ami; il me fut bien doux
d'obéir.

Le lendemain de mon arrivée à Nisibis, j'ai
reçu une lettre de toi, sans doute que mon
changement de domicile lui a fait éprouver un
long retard. Tu me parles avec tout l'intérêt de
la véritable amitié, joint à la sévérité d'une vertueuse chrétienne, de ma situation; non-seulement tu me conseilles, mais tu me demandes
avec instance de fuir un danger auquel tu crois
que je succomberais infailliblement; tu ne trouves d'autre moyen de salut qu'une séparation
totale et prompte avec celui que je ne puis m'empêcher d'aimer. Tu exiges, cruelle amie! que je
me rende coupable de désobéissance envers Démétrius; que je m'expose à sa colère, à ses reproches, plutôt que de m'exposer à revoir le
dangereux ennemi de mon repos, de ma vertu.

Je ne nie point l'efficacité possible de cette séparation s'il m'eût été possible de l'effectuer tout
de suite. Toi, Junia, tu en aurais eu la force, et
depuis le premier jour où le hasard t'aurait présenté celui que tu n'aurais cessé d'aimer, tu ne
l'aurais plus revu. Mais je ne suis pas encore une
Junia, et... ne me gronde pas, je t'en conjure,
je ne puis me soumettre à un devoir aussi cruel,
je ne crois même pas en avoir besoin : d'ailleurs

cela est impraticable à présent, Démétrius est extrêmement malade, non de sa blessure, mais d'une fièvre qui ne lui permet pas de se lever. La volonté du ciel s'est clairement prononcée : je dois rester auprès de mon époux malade et lui consacrer mes soins. Mes rapports avec Agathoclès ont tout-à-fait changé, cet embarras, cette gêne ont cessé depuis qu'un nouveau lien, celui de la reconnaissance, autorise et cimente notre attachement réciproque. Démétrius traite à présent le compagnon de ma jeunesse avec l'amitié d'un père, il ne peut se passer de l'avoir auprès de lui, il partage mes soins : mon époux paraît recevoir ceux de son légat avec autant de plaisir que les miens : ô Junia ! que je suis heureuse ! Lorsque Démétrius sommeille, il s'établit alors entre Agathoclès et moi une conversation sur le passé, qui le rend présent à mon cœur ; nous nous entourons de souvenirs aussi purs que touchans : celui de sa respectable mère à qui nous avons tous les deux tant d'obligations, revient sans cesse, et nos larmes coulent ensemble ; elle se place encore entre nous comme aux jours de notre heureuse enfance, elle sanctifie notre attachement, en bannit tout ce qui ressemblerait à la passion, et nous jouissons avec délices du bonheur de nous aimer maintenant avec autant d'innocence que

lorsqu'elle nous réunissait dans ses bras mater-
nels. Démétrius se réveille et sourit de plaisir en
nous retrouvant près de lui : nous lui faisons
une lecture, ou nous entamons un entretien in·
téressant, dont le sujet est assez souvent notre
sainte religion, ses dogmes et sa doctrine. Tu
sais que Démétrius est un chrétien comme il y
en a peu, et que son zèle ardent lui a déja suscité
bien des chagrins ; il ne peut cependant se mo-
dérer : il cherche à persuader à notre ami la vérité de cette sainte doctrine, et du bonheur as-
suré qu'elle lui promet dans l'autre vie, s'il a le
courage de l'embrasser... Et Agathoclès ? ah, Junia ! comme cela me fait du bien ! Agathoclès paraît pénétré de la sainteté de notre religion, bien
plus que je n'osais l'espérer. Démétrius qui réfléchit sur son état en homme sage et qui ne se
fait aucune illusion, a désiré en dernier lieu, recevoir la communion. Toute notre maison a assisté à l'auguste cérémonie, sans en excepter
Agathoclès, quoiqu'il lui fût impossible d'y prendre part comme chrétien. J'ai vu qu'il était très
ému, édifié même de la piété qui régnait dans
l'assemblée ; il s'est mis à genoux en même
temps que nous, et il a offert au *Dieu inconnu*
son tribut d'amour et d'admiration : c'est du
moins ce qu'il m'a dit ensuite. Jamais, Junia, il

ne m'avait paru aussi intéressant, aussi vertueux, aussi digne d'être aimé que dans ce moment-là ! Je me suis sentie irrésistiblement entraînée vers lui : ah ! j'aurais pu, en présence de tout le monde, de mon époux lui-même, lui avouer mon amour pur et saint. Je lui dis que j'avais prié mon Dieu avec ardeur pour lui et pour son bonheur, et que j'adressais tous les jours les mêmes vœux au ciel ; je vis ses yeux se mouiller de larmes, il a pris ma main, il l'a pressée en silence contre son cœur, et s'est retiré précipitamment. M'a-t-il comprise, Junia ? sait-il ce que j'ai voulu lui dire, et quel bonheur je lui désire ?

O ma Junia ! laisse-moi verser dans ton cœur mes espérances, mes projets et mes plaisirs : je fus malheureuse si long-temps ! Ne m'en veux pas si un rayon salutaire vient éclairer mes jours, si je me laisse entraîner à sa douce et consolante lumière.

Rien n'est hasard dans ce monde ; tout est destin, tout est dirigé par une Providence qui donne à la nature entière des lois immuables qu'il ne lui est pas plus possible d'enfreindre que de rappeler le jour d'hier : tout nous entraîne vers un but sublime ; tout concourt à l'accomplissement de la volonté suprême du grand Être. Il ne résulte pas de cette incontestable vérité,

que nous soyons forcés d'agir comme des ma-
chines : l'Être suprême nous a doués d'une raison, d'une conscience ; et sous la conduite de la
première et l'inspection de la seconde, il nous
laisse la liberté de choisir, de rejeter, de concourir aux vues du grand Tout ou de nous en
éloigner, de faire ainsi notre bonheur ou notre
malheur individuel; mais nous ne pouvons rien
changer à la chaîne des évènemens. Nos actions
sont ou grandes ou rétrécies, ou coupables ou
vertueuses, suivant l'empire que nous laissons
prendre à nos passions; mais nous pouvons concourir, pour notre part, au but toujours noble,
toujours élevé que Dieu se propose. Je puis donc
m'abandonner à la douce idée que ces évènemens
sont arrivés pour le but que Dieu se proposait
à l'égard d'Agathoclès. Pourquoi, parmi tant de
généraux sous lesquels il pouvait servir, s'est-il
trouvé précisément associé à celui près duquel
il a retrouvé son amie d'enfance? pourquoi a-t-il
été par cela même rapproché d'une famille com-
posée des plus zélés chrétiens? pourquoi a-t-il
été appelé à conserver la vie à Démétrius, à obtenir son amitié? pourquoi ta lettre, qui m'aurait engagée à Edesse à me séparer de lui à tout
prix, ne m'est-elle parvenue que lorsque ce sacrifice m'était devenu impossible? Toutes ces

circonstances se sont réunies peut-être pour qu'Agathoclès devînt chrétien, et pour lui accorder ainsi ce qui lui manquait pour être aussi parfait que peut l'être un mortel. Agathoclès chrétien! Junia, pense à cette vertu sévère, à cette ame si noble, si élevée, à cet esprit si supérieur, fortifié pas le christianisme. Je ne me plaindrai plus de mes peines, je souffrirai tout sans murmure; je n'ai pas trop payé ce moment de bonheur par huit ans de sacrifices.

Ta lettre me fait espérer l'arrivée d'Appellès, mon respectable instituteur; il n'est point encore ici : je comprends que la guerre, la destruction qui en est la suite, et notre changement de demeure aient retardé son arrivée. Combien je désire le voir! J'espère beaucoup du pouvoir de sa foi et de son éloquence si persuasive sur l'ame d'Agathoclès : si Appellès réussit à achever ce grand ouvrage, c'est une obligation de plus que j'aurai à ton amitié et aux soins paternels de Théophon. Vous m'envoyez Appellès pour soutenir mon courage; ah! quel frère, quel associé il va vous donner! Assure Théophon de ma tendresse filiale, dis-lui que mon esprit est actuellement plus tranquille. Démétrius se trouve mieux, et l'attribue à nos soins ; j'éprouve une joie, un contentement qui me rappellent mon heureuse enfance : pour la première fois, depuis huit ans, je pense à l'avenir sans crainte, sans terreur. Quoi qu'il puisse m'arriver, je suis prête à le recevoir avec soumission ; et l'objet auquel je dois renoncer, j'y renoncerai sans murmure... c'est beaucoup... J'aurais été la plus heureuse de toutes les femmes : Dieu ne l'a pas voulu. S'il me veut pour lui, pour lui seul, m'est-il permis de m'en plaindre ? Adieu, ma Junia.

LETTRE XXIV.

AGATHOCLÈS A PHOCION.

Nisibis, septembre 3o1.

JE vis encore ; j'ai été trompé dans l'attente de voir finir mes combats et mes peines ; une nouvelle existence a commencé pour moi ; elle est entre la félicité des Dieux et les tourmens du Tartare ; ils se succèdent l'un à l'autre avec une telle rapidité, que je crains de perdre la raison. La nature doit succomber enfin sous les efforts auxquels je suis condamné.

Il fut un temps où l'idée de voir continuellement Larissa m'aurait entraîné à mille extravagances pour surmonter les difficultés ; j'aurais tout sacrifié pour lire dans son cœur, pour entendre les doux accens de sa voix. Je pense, je sens encore de même, Larissa est toujours pour moi l'objet le plus cher, le plus précieux ; je la vois à chaque instant, je lui parle sans cesse ; elle ne me fuit plus, elle m'écoute avec bonté, elle me témoigne de l'attachement, de l'amitié, j'ose dire même de l'amour, quoiqu'elle croie le cacher avec soin, et malgré cela, Phocion, loin d'être heureux, je suis en proie aux tourmens de l'enfer : elle ne se doute pas du mal qu'elle me fait et de mon désespoir.

Ma dernière lettre te disait que nous étions à la veille de donner assaut à Nisibis ; c'était une entreprise bien hasardée avec aussi peu de troupes, à défaut surtout du renfort qu'on nous avait promis. Tout dépendait du succès, nous étions perdus si nous n'eussions pas réussi ; et si la victoire était à nous, il en résultait un avantage immense pour l'armée. La veille, je pris congé de Larissa, l'esprit troublé par mille inquiétudes ; ce pouvait être le dernier moment de mon existence, je le désirais ; tout, au contraire, m'annonçait les craintes mortelles de mon amie. Un sentiment délicieux vint inonder mon ame, me rattacher à la vie, puisque j'étais aimé.

Le lendemain nous conduisîmes nos troupes à l'assaut. Tu sais, Phocion, que dès ma jeunesse je n'ai pas redouté la mort , que je l'ai affrontée mille fois , et que je la regardais comme une amie qui vient nous délivrer de nos peines ; mais ici elle se présentait à moi de tous côtés sous les formes les plus hideuses : je voyais des hommes acharnés contre d'autres hommes, contre leurs semblables, se la donner avec mille tourmens. J'étais honteux de commander à de tels monstres, d'être obligé d'ordonner cet affreux carnage. J'escaladai la redoute, marchant sur les cadavres de mes compagnons d'armes , de mes braves soldats, de mes amis , qui tombaient de tous côtés sous les coups de l'ennemi ; j'échappai par miracle... O Phocion ? qu'est donc la valeur tant vantée des héros ? étourdissement , insensibilité et bonheur. Pourquoi ne fus-je pas percé d'une flèche, écrasé par une pierre, tandis qu'autour de moi les braves tombaient par centaines ? Eux qui sans doute désiraient plus que moi de vivre, qui le méritaient mieux, dont la valeur plus éprouvée aurait été plus utile que la mienne, ils sont morts, ils sont déja oubliés ! Je vis , et l'on vante mon courage, ma prudence : qu'ai-je donc fait de plus que tant d'autres ? et pourquoi moi , précisément moi ? O Phocion ! que n'ai-je péri devant Nisibis !

Je venais de pénétrer dans la ville à la tête

d'un petit nombre de guerriers qui m'étaient restés, lorsque je vis accourir à moi un soldat blessé pour m'avertir que Démétrius avait perdu tous les siens sur la grande place, que l'ennemi l'y avait cerné, qu'il en était entouré, et qu'à moins d'un miracle il allait succomber. Je quittai sans balancer mon poste, au risque de perdre le fruit de tant de peines, pour voler au secours de l'époux de Larissa. La Providence exauça mes vœux, et, tu peux m'en croire ; jamais on n'en forma de plus désintéressés ; l'ennemi fut dispersé : Démétrius, qui se défendait avec une valeur au-dessus de son âge, tomba au moment où je l'eus rejoint, couvert de blessures et affaibli par la perte de son sang ; je le couvris de mon bouclier et occupai les assaillans jusqu'à ce qu'un renfort vînt nous arracher au péril qui nous menaçait. Démétrius fut transporté dans une maison voisine. Et j'envoyai un officier sur qui je pouvais compter à Larissa, pour lui apprendre avec ménagement l'état de son époux, et 'accompagner jusqu'à la ville. Elle vint aussitôt ; Démétrius la reçut avec plus de tendresse que je ne l'en croyais capable, et me présenta à elle comme son sauveur. Phocion, j'avais cru aimer Larissa de toutes les puissances de mon ame, j'avais ad-miré cette figure si intéressante, si expressive, mais je ne la connaissais pas encore : au moment où elle apprit que son mari me devait la vie, elle vint à moi les bras ouverts, les joues couvertes d'une douce rougeur, les yeux... Ah ! qui peindra les yeux de Larissa animés par l'amour et la reconnaissance ? En présence de son époux, elle me serra dans ses bras, et prononça, d'une voix entrecoupée, les noms de frère, d'ami, de bienfaiteur. Ah, Phocion ! qu'elle était belle, et combien je l'adorai ! Un tremblement général me saisit, je sentais un feu brûlant circuler dans mes veines ; avec transport j'aurais consenti d'expirer à l'instant même, pour oser la presser contre mon cœur, et lui dire ce que j'éprouvais ; mais lui témoigner simplement de l'amitié fut au-dessus de mes forces ; je craignis de n'être plus le maître de mes transports, si j'osais lui en exprimer la moindre partie. Je restai donc comme une statue, sans mouvement, sans proférer une parole ; c'était le seul moyen de cacher à Larissa et à Démétrius l'ardeur qui me consumait, l'orage qui tourmentait mon ame. Elle ne comprit point mon silence, elle n'a même aucun soupçon des tourmens que j'éprouve depuis ce moment-là.

Heureuse Larissa ! elle m'aime aussi, je n'en doute pas ; mais la pureté de son sentiment lui

donne le change sur sa nature : elle appelle notre
relation actuelle amour fraternel ; elle croit m'aimer comme la plus tendre sœur, et s'abandonne
sans réserve au sentiment qu'elle éprouve sous
les yeux même de son époux, dont la bonté paternelle pour moi l'encourage : il voit avec plaisir
que sa femme témoigne à son sauveur une estime
particulière, et trouve fort naturel que des amis
d'enfance soient sur un ton amical et familier.
O Phocion ! quelle paix, quelle innocence doit
régner dans l'ame de Larissa ! puisqu'elle peut
sans crainte se livrer à un tel sentiment se tromper ainsi elle-même sans se douter des peines que
j'éprouve. Lorsque près du lit de son mari, elle
s'occupe de lui avec une sollicitude filiale, que
d'heures pénibles elle a passées dans l'inquiétude
et la fatigue, elle s'assied vis-à-vis de moi et me
regarde avec une douceur inexprimable ; je vois
alors le contentement se peindre dans tous ses
traits ; elle trouve la récompense de ses peines
dans quelques momens d'un doux entretien avec
son ami ; je vois alors cet étonnant mélange de
grandeur et d'innocence, de raison et de sensibilité qui se montre à chaque mot qu'elle prononce :
je pense à ce qu'elle eût été pour moi, à ce
qu'elle est à présent pour un autre. Je sens que
je dois à elle, à son époux de cacher le feu qui

m'embrase ; et voilà, Phocion, ce qui est absolument au-dessus de mes forces. Je ne puis supporter plus long-temps cette contrainte ; je dois fuir Larissa si je veux conserver ma raison, ton estime, et rester fidèle à mes principes.

Démétrius a d'autres motifs encore pour me retenir près de lui : je soupçonne qu'il a conçu le projet de me persuader d'embrasser le christianisme ; tous ses efforts tendent à me présenter cette doctrine sous le jour le plus respectable ; mais ne suffit-il pas que ce soit la religion de Larissa pour me la faire aimer et respecter ? Depuis que je vois les vertus sublimes qu'elle inspire à cette femme vraiment céleste, et la manière de vivre des chrétiens, je n'ai plus de prévention contre eux ; j'estime même une grande partie de leurs dogmes. Mais devenir chrétien, faire partie d'une secte si généralement méprisée, c'est à quoi je me déciderai difficilement, du moins pendant la vie de mon père, et tant que les chrétiens n'auront pas surmonté cette foule de préventions dont on les accable. Je crois qu'on leur fait tort en grande partie, mais je suis loin cependant d'une entière persuasion ; puis malheur à celui qui abandonne la religion de ses ancêtres sans être complètement convaincu ! J'ai assisté à quelques-unes de leurs cérémonies : elle m'ont, je l'avoue, pénétré de respect et d'attendrissement; et si c'était le but de Démétrius, je dois convenir qu'il a réussi ; mais combien je fus plus touché encore, quand Larissa, avec une expression de sensibilité dont il est impossible de se former une idée, vint me dire qu'elle avait prié son Dieu pour mon bonheur, et qu'elle le lui demandait tous les jours ! Phocion, entendre ces paroles sortir d'une bouche adorée, et rester en apparence insensible ; ne pas tomber à ses pieds pour lui jurer un amour éternel, est un effort de vertu dont je ne serai plus long-temps capable. Tôt ou tard je me trahirai, je le sens; à force de combats, je garde encore devant Démétrius ce masque trompeur d'indifférence, près de tomber à chaque instant ; mais de combien de malheurs serait suivi un seul moment de faiblesse, et pour Larissa et pour Démétrius, enfin pour moi-même ! Je veux fuir, je le pense et je le dois. Du moment que Démétrius sera assez bien pour soutenir une conversation avec moi sur ce sujet, je le prierai instamment de me rendre ma liberté ; si, comme je le crois, il s'y refuse obstinément, alors un ordre de Galérius, obtenu par l'influence de Tiridate, terminera tout. Je m'éloignerai à tout prix de ce séjour dangereux, et retrouverai, j'espère, les forces prêtes à m'abandonner. Phocion, ton élève sera digne encore de toi et de ton amitié.

LETTRE XXV.

CALPURNIE A AGATHOCLÈS.

Rome, septembre 3o1,

Il y a bien long-temps, mon aimable ami, que nous n'avons reçu réciproquement de nos nouvelles ; je suppose que tu me crois dans l'Élysée ou dans le Tartare ; c'est aux Dieux à décider lequel des deux je mérite. J'aurais eu les mêmes doutes à ton égard, si les bruits publics n'avaient remplacé l'activité de correspondance qui manque à notre fragile amitié; ils m'assurent que tu es encore au nombre des vivans et comblé de gloire : la renommée parle de toi comme d'un héros, et je t'avoue que je prête une oreille attentive lorsqu'elle m'apprend les faits mémorables de l'ami... de notre maison. Cependant je me suis rendu justice; j'ai senti qu'une lettre de femme ne devait pas risquer d'arriver sur le champ de bataille, et de sauver peut-être la vie à quelque ennemi. Tu n'attribueras qu'à ce scrupule patriotique le défaut de réponse à ta dernière lettre, datée de Nicomédie, d'où tu me mandais ton départ pour l'armée. Nous savons à Rome tout aussi bien que toi ce qui s'est passé; j'aurais donc gardé encore le silence avec courage, mais un devoir impérieux, celui de l'amitié pour une femme malheureuse, m'engage à mettre de côté toute autre considération, pour réclamer de ta générosité des secours, ou tout au moins des conseils en faveur de mon amie.

Il m'est infiniment pénible d'accuser un homme que tu regardes comme ton ami, et peut-être estimable à tout autre égard. Combien d'hommes pleins d'honneur et de droiture avec les autres hommes se permettent d'en manquer avec les femmes! C'est de ton ami, c'est d'un être de ton sexe que je viens me plaindre à toi; juge par là de la confiance sans bornes que j'ai dans ta justice et dans ton impartialité.

Tu connais les rapports jadis existans entre Sulpicie et Tiridate; lorsque celui-ci quitta Rome ce printemps, les droits de Sulpicie à sa fidélité étaient incontestables; elle la méritait par un amour sans exemple, par des sacrifices sans nombre, . enfin par l'espérance fondée sur les sermens les plus sacrés et les plus solennels d'être un jour unie à lui par un nœud légitime. Il partit et laissa Sulpicie en butte aux reproches et aux mauvais traitemens de ceux qui avaient des droits sur elle, et qui se croyaient permis d'employer tous les moyens pour empêcher cette union. Il ne pouvait s'abuser sur les malheurs de toute espèce dont elle serait la victime pendant leur séparation : un mari d'un esprit commun et rétréci l'environne d'un avilissant espionnage, et ne lui laisse de libre que la pensée ; un père dur, barbare l'accable des reproches les plus cruels et les moins mérités. Sulpicie est la plus vertueuse des femmes, car il y a bien plus de mérite à résister à une passion telle que celle qu'elle ressent et qu'elle inspire, qu'à suivre froidement la ligne du devoir sans avoir à combattre ; elle aime éperduement pour son malheur, mais le cœur seul... A quoi bon te dire ce que tu sais aussi bien que moi ? Tiridate n'a sans doute rien eu de caché pour toi, et tu connais la nature d'une relation que tu jugeais avec trop de sévérité. Peut-être que tu penses à présent différemment, et qu'une expérience tardive t'a rendu plus indulgent pour les faiblesses du cœur : quoi qu'il en soit, j'espère au moins que tu seras entièrement de mon avis ; la persévérance, la constance dans son amour et dans ses projets pouvaient les justifier à tous les yeux, et dédommager un jour la pauvre Sulpicie de ce qu'elle souffre. Que doit-elle éprouver, cette femme infortunée, lorsque de tous côtés elle entend dire et confirmer que le léger Tiridate, enfoncé dans la volupté asiatique, entouré de femmes séduisantes et faciles, va sans réflexion de l'une à l'autre, s'enivre de plaisir dans une cour dépravée, et ne peut plus disposer d'un seul moment pour s'occuper des affaires les plus importantes du trône de ses pères, et du bonheur de celle qui, après s'être sacrifiée pour lui, ne vit plus que de larmes? Tu verras par une lettre que je t'envoie, que ma pauvre Sulpicie est captive à Baies; ses persécuteurs l'y retiennent pour la priver des consolations que mon amitié lui offrirait; tu pourras juger de ce qu'elle souffre. L'esprit rétréci de Serranus redoute mon influence, et Sulpicius ne voit en moi qu'une rusée médiatrice : mais aussi comment serait-il possible que l'ame grossière de ces deux hommes qui n'éprouvent et ne croient à aucun sentiment vertueux, pût s'élever à la belle idée que l'on peut s'aimer véritablement avec une parfaite pureté? Cela seul doit plaider en faveur de Sulpicie, aussi la plaint-on généralement plus qu'on ne la blâme. Tandis que l'homme pour lequel elle souffre toutes ces persécutions l'oublie dans les bras des courtisanes de l'Asie, tandis que l'idée de son infidélité lui fait souffrir des tourmens mille fois plus cruels que ceux auxquels l'ont condamnée son indigne époux et ses barbares parens.

Je veux bien croire que la renommée a beaucoup exagéré les torts de Tiridate, qu'on lui en a même supposé qui n'existent pas; mais dût-on en rabattre la moitié, n'en resterait-il pas encore assez pour rendre Tiridate bien coupable? il l'est d'autant plus à mes yeux qu'il joint la fausseté à la perfidie; car il écrit encore souvent à Sulpicie des lettres très passionnées, mais qui ne la rassurent pas; elles les lit à présent avec une disposition, un doute qui empoisonnent chaque phrase, et chaque réflexion est un coup de poignard pour ce cœur blessé et sensible qui n'avait d'autre consolation que son entière confiance dans celui à qui il s'est donné.

Dans un tel état des choses, dans l'incertitude où nous sommes sur les vrais sentimens de Tiridate, je m'adresse à toi, et j'espère tout de la noblesse de tes sentimens, de ton amitié pour moi, pour l'infortunée Sulpicie, et de tes relations intimes avec le prince d'Arménie. Avant tout, procure-toi, je te prie, des renseignemens exacts sur la vie qu'il mène et sur ce qu'il pense; je remets ensuite à ton jugement, à la sensibilité

8.

le soin de faire les démarches convenables, sans exposer ni compromettre mon amie. Conduis cette affaire comme tu le voudras ; je te confie avec assurance le sort de ma Sulpicie, et j'attends de toi, sinon des secours, du moins du soulagement et des consolations.

Mon père et mes frères se portent à merveille ; il me chargent de mille amitiés pour toi. Si tu trouves nécessaire de me répondre, n'oublie pas de me mander où tu séjourneras. Nous ne savons pas toujours à Rome où nos armées se trouvent, et un légat n'aura peut-être pas toujours le bonheur de vivre dans la maison de son général, de partager ses plaisirs et ses peines, et de pouvoir dévouer sa vie à tout ce qui le touche.... Salut à celui qui m'entend. Je n'en suis pas moins ton amie, à la vie, à la mort.

LETTRE XXVI.

(*Incluse dans la lettre précédente.*)

SULPICIE A CALPURNIE.

Baies, septembre 801.

Avec toutes les peines et les sacrifices imaginables qui me coûtent plus que je ne puis le dire, je suis enfin parvenue à gagner un de mes esclaves; il m'a promis de te faire remettre cette lettre. Grands Dieux ! moi corrompre des valets pour les faire manquer à leurs devoirs et désobéir à leur maître ! A quel abaissement me force la juste défense de moi-même, permise, même aux êtres les plus faibles ! Moi qui abhorre toute espèce de détour, de trahison, je suis obligée de tromper, de m'abaisser à la prière, pour rendre un esclave infidèle à son maître... Dieux ! Dieux ! quelle situation ! Je suis près de succomber à mon désespoir. Mourir n'est rien; les portes de la mort sont toujours ouvertes, et celui qui sait mourir n'a pas besoin de ramper; mais vouloir mourir, et ne pas le pouvoir; n'être seule dans aucun moment, suivie à chaque pas, écoutée à chaque mot, n'avoir pas un tiroir, pas un meuble qui ne soit ouvert et visité plusieurs fois dans la journée; être privée de tous les moyens de mettre fin à une situation aussi désespérante; secouer ses chaînes dans une rage impuissante, sans pouvoir les rompre, voilà la position la plus affreuse qu'une mortelle puisse éprouver. On a découvert, pendant mon séjour à Rome, que je recevais des lettres d'Asie par ton entremise, et que ma liaison avec Tiridate existait encore : Serranus et mon père se décidèrent alors d'user de la plus grande rigueur. Je fus traînée dans cette solitude, où je suis traitée en criminelle ; on se fait un devoir de me rendre la vie aussi amère que possible ; et cependant, malgré mon désespoir, je pourrais encore, au milieu de tant de maux, jouir du bonheur suprême.

Oui, Calpurnie, je le répète, plus on s'obstine à me rendre la plus malheureuse des femmes, plus je pourrais être heureuse si j'étais encore aimée : bonheur ou désespoir, telle est l'existence d'une ame sensible et passionnée. En vain le sort acharné l'accable-t-il des plus cruelles persécutions ; elle oppose à ses coups cette pensée : *je suis aimée*, et le malheur s'évanouit pour faire place au sentiment le plus délicieux ; alors ce qu'on souffre pour celui qui vous aime devient une jouissance. Celle qui possède en entier le cœur de son ami, qui peut s'y reposer en toute confiance, n'est point malheureuse ; quel que soit le sort qui l'attend, elle ne craint plus aucun danger, aucun sacrifice : rien ne coûte pour ce qu'on aime. Que tout dans la nature, que les Dieux mêmes soient contre elle, que lui importe : elle aime, elle est aimée..... Insensée que j'étais ! comment ai-je pu me plaindre lorsqu'un enchaînement de circonstances naturelles éloignait de moi mon Tiridate ?

Je croyais être bien malheureuse, et je ne le suis que de ce moment; mes plaintes étaient injustes, et mes peines des bagatelles, en comparaison des maux qui me consument. J'étais aimée et j'osais murmurer ! O Dieux ! rendez-moi ce temps où je n'avais à pleurer que son absence, où je vous importunais de prières inconsidérées pour me le rendre. Ah ! ce n'est plus lui que je vous demande, c'est son amour, c'est ce cœur qui ne battait alors que pour moi. *J'étais aimée et je ne le suis plus !* cruelle, affreuse idée qui me déchire, qui me brûle comme un feu dévorant ! Aucun langage ne saurait exprimer le supplice renfermé dans ces mots : *Je ne suis plus aimée.* C'est là, tu peux m'en croire, le seul malheur que l'on puisse éprouver en aimant, oui, le seul véritable, tous les autres sont des chimères. Pendant deux jours, j'ai nourri le trompeur espoir que mes persécuteurs avaient imaginé ces calomnies pour me détacher de Tiridate; mais à présent j'ai des preuves incontestables que tout est vrai, et que je suis la plus infortunée des femmes. Marcius Alpinus, de Nicomédie, homme froid, raisonnable, qui voit les choses telles qu'elles sont, et qui n'a nul intérêt à tromper sur une chose qui lui est aussi indifférente, a écrit à un de ses amis à Rome, et mon frère a obtenu cette lettre de la personne à qui elle est adressée : deux des plus belles femmes de la cour, mariées, et du plus haut rang, partagent avec les courtisanes les plus renommées, les hommages de celui que je regardais déja comme mon bien exclusif, de celui qui m'a juré tant de fois que j'étais pour lui la seule femme dans l'univers. Illusion trompeuse ! Sermens, honneur, fidélité, gloire, et jusqu'au trône, tout a disparu à ses yeux éblouïs par la volupté : Sulpicie doit être bien complètement oubliée, puisqu'il la sacrifie à d'indignes rivales si différentes d'elle.

O Calpurnie ! que ne puis-je perdre avec ma raison, avec ma mémoire, le sentiment de ce qu'il était autrefois, et le désespoir de l'avoir perdu ! Je ne veux plus vivre ni traîner une existence inutile et détestée. M'aimes-tu encore, Calpurnie ? Le monde où tu vis t'a-t-il laissé un cœur pour la compassion, pour l'amitié ? Si tu es toujours mon amie, je t'en demande une preuve : procure-moi une goutte, une seule goutte de cette liqueur bienfaisante et terrible qui coupe à l'instant le fil de la vie, et ce dernier instant sera pour te bénir. *Je ne suis plus aimée.* Oh ! pourquoi cette parole ne suffit-elle pas pour m'annihiler ?

LETTRE XXVII.

AGATHOCLÈS A CALPURNIE.

Nisibis, octobre 301.

Ta lettre, ma charmante amie, m'a fait un plaisir extrême; elle m'a transporté à cet heureux moment de ma vie où, vivant à Rome dans la maison de ton père, avec toi et les siens, je passais les journées les plus agréables. Tu me donnes des nouvelles excellentes de ces aimables amis à qui je pense si souvent, et tu me procures le délicieux sentiment de te voir m'apprécier avec estime et d'avoir obtenu ta confiance. Je te remercie du plus profond de mon cœur pour chacun de ces plaisirs, mais surtout pour ton amitié que je chercherai, je t'assure, à mériter toujours davantage.

Tu sais, mon amie, et tu le répètes même dans ta lettre, que la liaison du prince d'Arménie avec ta Sulpicie ne m'a jamais paru ni raisonnable ni légitime; cependant, je ne m'attendais pas à ce dénouement, quoique je crusse connaître parfaitement Tiridate : si je l'ai blâmé de son amour pour l'intéressante Sulpicie, je le blâmerai bien plus encore de l'oublier. Depuis notre arri-

vée en Asie, je ne l'ai presque pas revu, à l'exception du temps du voyage et de quelques jours
passés à Nicomédie : nous nous écrivions quelquefois, mais seulement pour des affaires militaires. J'ignore donc absolument sa manière de
vivre, et ses alentours me sont inconnus. Des
bruits conformes à ce que tu me dis courent sur
lui ; mais je ne sais si je dois y ajouter foi : quand
il s'agit de blâmer l'homme que j'aime, j'attends
le plus qu'il m'est possible, et avant de faire parler la voix sévère de l'amitié, il faut avoir l'intime
conviction que mon ami mérite cette sévérité.
Sois donc bien persuadée que je ferai tout ce qui
sera en mon pouvoir pour connaître l'exacte vérité, et que j'agirai alors, d'après les circonstances, pour répondre à ta confiance et sauver du
désespoir la malheureuse Sulpicie. Sans vouloir
justifier à l'avance Tiridate, je te prie seulement
de faire attention qu'il est assez distingué par sa
naissance, sa fortune, ses qualités personnelles,
pour être remarqué par la foule oisive toujours
disposée à critiquer, envier et blâmer ; et qu'un
prince jeune, beau, aimable, vivant dans une cour
dissolue, est exposé à bien des tentations ; que
tout ce qui pourrait arriver est déja regardé
comme fait. Le monde, en général, juge, parle
sans réflexion. Je puis déja te fournir une preuve

contre les bruits qui se sont répandus, est-il faux que Tiridate ne puisse se résoudre à s'éloigner de Nicomédie; il est, la plupart du temps, près du César Galérius, à cette armée où il s'est distingué par sa valeur, par des talens de général d'armée : d'ailleurs ce que je te dis là n'est point pour excuser Tiridate; je ne sais rien ni pour ni contre lui; mais peut-être ces réflexions pourront-elles alléger le chagrin de Sulpicie, et empêcher cette intéressante femme de succomber à son désespoir. Si rien ne s'oppose à ce qu'elle sache que tu m'as écrit, dis-lui de ma part qu'elle m'inspire le plus tendre intérêt, que je pleure avec elle, que je suis moi-même trop malheureux pour ne pas comprendre et partager ses souffrances. Dis-lui de ne pas trop se fier au témoignage de Marcius Alpinus; il m'est connu depuis long-temps comme un homme d'un esprit transcendant, mais gâté par le commerce du grand monde et par la volupté : son cœur est de glace; il ne croit pas à la vertu, et n'accorde d'estime qu'à ce qui peut procurer à ses sens des jouissances. Son opinion peut être juste, parce que les passions et la sensibilité ne l'égarent jamais; mais aussi il peut se tromper en jugeant les autres d'après lui-même, et j'espère que c'est ce qui lui est arrivé avec Tiridate. Défie-toi, chère Calpurnie, en général,

des bruits publics; ils sont le plus souvent ou
faux ou exagérés. Je me doute qu'ils ne t'aient
aussi appris quelque chose de mon sort actuel;
la dernière phrase de ta lettre me le fait présu-
mer; mais tu ne me parais instruite qu'à demi,
et je veux te rendre confiance pour confiance.

Te souvient-il de cette Larissa, l'amie de mon
enfance, l'amante de ma jeunesse, dont j'aimais
tant à te parler, et que je croyais avoir perdue
pour jamais? Le sort, toujours implacable, me
l'a rendue... mais non plus comme mon bien;
elle est la femme de mon général. Je ne prétends
pas te persuader que ce titre ait triomphé de
mon amour, et que l'épouse de Démétrius me
soit devenue indifférente: tu ne le croirais pas.
Non, Calpurnie, j'aime encore Larissa comme
dans le temps où elle me fut enlevée. Mais cette
passion n'a nul rapport avec celle de Tiridate et
de Sulpicie; elle n'est point réciproque et remplie d'espérances. Larissa, contente d'avoir retrouvé le compagnon de son enfance, le traite
avec amitié, mais rien de plus. Elle est chrétienne, elle est l'épouse d'un chrétien; leur religion donne une telle force aux liens du mariage,
que la mort seule peut les dissoudre... Je ne me
permets donc pas la moindre espérance : j'adore
Larissa, mais j'aime aussi Démétrius; j'ai dé-

fendu sa vie au péril de la mienne, et je le ferais encore ; plains-moi, mon amie, et, je t'en conjure, ne tourne pas en ridicule mon amour sans espoir : il faut être heureux pour supporter des plaisanteries.

Si tu veux me favoriser encore d'une lettre, et me donner des nouvelles de toi, de ta famille et de notre malheureuse Sulpicie, aie la complaisance de l'adresser à Nicomédie, sous enveloppe, à mon père qui sait toujours où je suis ; peut-être y serai-je bientôt moi-même. Le désir ardent de fuir une situation qui ne s'accorde ni avec mon repos ni avec mes principes, et l'obligation de parler à Tiridate, m'appelleront bientôt sans doute à Nicomédie. Reçois encore mes vifs et tendres remercîmens pour ta confiance, et l'assurance que, dans quelque lieu que j'habite, quelle que soit ma position, le plaisir de recevoir de tes nouvelles sera toujours pour mon cœur une douce jouissance, et ton amitié un baume consolateur.

LETTRE XXVIII.

LARISSA A JUNIA MARCELLA.

Nisibis, octobre 301.

LES plaisirs de ce monde, ma Junia, ne sont jamais de longue durée ; Dieu les accorde à l'homme mortel, pendant quelques instans, pour lui donner une idée de ce qui l'attend après cette vie; mais il nous les ôte pour nous montrer que cette terre n'est pas notre véritable patrie, et pour ne pas nous y attacher trop fortement. Des compagnons de voyage agréables, avec qui nous voudrions faire la route, nous accompagnent quelque temps, puis disparaissent. Des contrées délicieuses où l'on aimerait à s'arrêter, s'offrent à notre vue; mais le sort nous entraîne, il faut aller en avant, quitter ces lieux enchanteurs, traverser ces vallées sombres, effrayantes, environnées de précipices, parfois on peut rencontrer encore un doux ombrage, marcher sur des fleurs, mais plus souvent sur des ronces, des cailloux qui blessent, qui déchirent, et arriver enfin sur une hauteur rayonnante de gloire où l'on trouve repos et bonheur éternel.

Mais moi, pauvre voyageuse égarée, combien j'en suis loin encore! Le court espace de mon bonheur passager vient de s'évanouir; des nuages s'élèvent de toutes parts, ils obscurcissent ma route qui devient à chaque instant plus pénible. Dieu seul sait ce que je deviendrai, mais l'idée qu'il *le sait*, et que je puis en toute sûreté m'abandonner à sa volonté divine, suffit pour me rassurer; il ne peut vouloir le mal; ainsi les épreuves qu'il m'envoie sont sûrement pour mon bien à venir. Qui ne supporterait pas un jour de mauvais chemin, une nuit de mauvais logement, avec la certitude d'arriver dans le séjour où l'attend un bonheur sans mélange et sans fin ? Démétrius, à peu près rétabli de ses blessures, commençait à se lever ; il formait des plans avec ses officiers pour le reste de cette campagne et pour la prochaine. Content de moi, aimant Agathoclès, nous le témoignant à tous les deux par sa bonne humeur, je n'avais jamais été aussi heureuse, lorsqu'il arriva tout à coup un ordre de Dioclétien à Démétrius de remettre le commandement de son armée à Marcius Alpinus, actuellement favori du César, jadis tribun du peuple, actuellement en chemin pour remplacer Démétrius dont la disgrace a pour prétexte son expédition trop hasardée sur Nisibis, que le succès même n'a pas justifiée ; on lui fait un crime de l'avoir risquée avec si peu d'espoir de réussir, et d'y avoir sacrifié autant de monde : mais on ne dit pas que cette armée était deja fondue par les maladies, les besoins de toute espèce, et qu'on l'a laissée sans secours de propos prémédité. A quoi bon répéter ce qui ne sert plus à rien, ce qu'on ne veut pas savoir ? Quant à moi, je ne suis fâchée de cet évènement inattendu que

par la peine qu'en ressent Démétrius ; sa santé,
qui se rétablissait à vue d'œil, en a beaucoup
souffert ; son humeur est devenue sévère et mor-
dante ; tout ce qui l'entoure en souffre, et moi
plus que personne. Il a donné à l'instant même
sa démission, ne voulant pas servir, dans un grade
inférieur, un maître injuste et ingrat : dans peu
de jours nous partons pour habiter notre villa de
Tracheua, sur les bords du Bosphore.

Tu vois, Junia, que toutes les circonstances,
d'accord avec tes conseils, favorisent ma séparation d'avec Agathoclès : malgré les murmures
de mon cœur déchiré, il faut te l'avouer, je
crois que c'est un bien pour tous deux ; je com-
mençais depuis quelque temps à voir avec chagrin qu'il ne partageait pas mes sentimens pai-
sibles ; une agitation inquiétante se faisait
remarquer dans tout son être ; ses regards se
reposaient rarement sur moi ; mais quand je les
rencontrais par hasard , leur expression n'était
pas celle que j'aurais désiré d'y trouver ; il re-
cevait les assurances de ma tendre amitié, tantôt avec une chaleur trop ardente, tantôt avec
un froid glacial ; quelquefois il me recherchait
avec empressement et ne pouvait me quitter,
tout à coup il m'évitait de la manière la plus
marquée. Il était inégal dans toutes ses actions,

je le voyais presque morose, et la douce paix de mon cœur s'évanouissait. Je croyais cependant ne faire qu'une expérience de tous les temps, en voyant que les hommes ne savent pas aimer comme nous et se contenter du sentiment délicieux d'une amitié exaltée, par une nuance plus vive et plus tendre; elle n'est rien pour eux, tandis que pour une femme vertueuse et sensible, c'est le bonheur suprême. J'ai eu de la peine à me faire à l'idée qu'Agathoclès ressemblait en ce point à tous les autres hommes, lui que je plaçais si fort au-dessus! Mais combien il leur ressemble mille fois plus encore que je n'aurais pu jamais l'imaginer! J'ai remarqué que depuis quelque temps il reçoit fréquemment des lettres de Nicomédie, qu'il y répond avec empressement, qu'il a l'air plus occupé, plus pensif qu'à l'ordinaire. J'ai vu par hasard l'adresse de l'une de ses lettres; elle était à une femme, à Calpurnie Pisona : c'est la fille de Lucius Pison, chez qui Agathoclès a demeuré à Rome. J'ai souvent entendu parler de l'attrait irrésistible de cette belle personne : Agathoclès en convient, mais avec un léger embarras qui est, à mon avis, la plus forte preuve. Hier, il nous annonça que Tiridate l'invitait à se rendre à Nicomédie, et qu'il quitterait Nisibis avant nous. Je ne comprends pas l'enchaînement de ces circonstances ; mais je suis convaincue qu'elles sont liées , et que Calpurnie , aussi bien que Tiridate , décide le départ d'Agathoclès. Je suis fâchée , sans doute, que, si près d'être séparés , il en hâte lui-même le moment ; mais je le suis bien plus, je te l'avoue , de son manque de confiance : il me ferme son cœur , à moi, son amie d'enfance, qui n'eus jamais pour lui une pensée cachée, qui partage ses sentimens et ses souffrances ! Nous avons encore deux jours à passer ensemble , peut-être les derniers de ma vie ! il est bien incertain que je le rencontre jamais. Mon bonheur s'est évanoui comme un songe ; je devrais , je le sais , bénir l'heure qui va nous séparer pour toujours : ah, Junia ! j'en suis incapable ! Dans ce moment même , où la crainte trop bien fondée d'avoir perdu l'amour et la confiance de mon ami devrait alléger le poids cruel de la séparation , je suis sans force pour la supporter , et je frémis autant à l'idée de ne plus le revoir, qu'à celle de n'être plus aimée comme j'ai cru l'être. Que vas-tu penser de moi, Junia ? qu'est devenu ce temps où je désirais qu'il pût m'oublier pour être heureux ? Que nous sommes faibles et pleins de contradictions , et que nos vertus sont légères quand la Providence nous met à l'épreuve !

Ah! pourquoi l'arrivée d'Appellès a-t-elle été retardée? Sois persuadée, Junia, que, soutenue par lui, ton amie ne serait pas aussi faible. Tu m'écris qu'il viendra, mais quand? et où me trouvera-t-il? Je pars dans cinq jours, et dans la plus triste des saisons, avec Démétrius, pour notre terre de Trachena, où je serai dans une solitude complète; je vais passer ma vie à côté d'un vieillard mécontent, malade, aigri par l'injustice : ah! si Appellès pouvait m'y joindre! mes larmes au moins couleraient librement, il fortifierait mon courage par cette religion sublime dont il parle avec tant d'éloquence; peut-être retrouverais-je une ombre de cette paix que j'ai perdue : dis-lui, ma Junia, tout ce qui se passe dans mon ame, et combien j'aurais besoin des conseils de sa sagesse pour retenir mes sentimens et mes pensées dans les bornes que me prescrivent la vertu et la religion; dis-lui que Larissa est faible, malheureuse. Cet ami des infortunés viendra bientôt à mon secours. Adieu; adresse ta première lettre à Trachena, sur les bords du Bosphore.

LETTRE XXIX.

AGATHOCLÈS A PHOCION.

Nicomédie, novembre 301.

Je suis séparé de Larissa ; ce vœu que ma raison formait en dépit de mon cœur, depuis notre rencontre imprévue, est maintenant accompli ; je suis séparé de l'épouse de Démétrius, et pour jamais, sans doute ! Cette chaîne invisible qui lia nos deux cœurs dès notre enfance, est brisée. Près d'elle, aimé d'elle, je n'étais pas heureux ; ce qu'elle pouvait et voulait m'accorder ne pouvait satisfaire une passion ardente comme la mienne, et cependant je n'aurais pas voulu que Larissa cessât d'être l'objet de mon admiration et de mon amour, comme la plus noble et la plus vertueuse des femmes. Ces désirs contradictoires, ce combat continuel abattaient mes forces ; il fallait ou mourir ou devenir indigne de vivre ; la fuite alors était le seul parti qui me restât. Du moins je ne me suis pas fait illusion, j'ai vu le précipice dans lequel j'allais tomber, et entraîner peut-être avec moi la meilleure des femmes : je me suis éloigné en frémissant. Loin d'elle j'ai retrouvé mon énergie ; aucun sentiment doux et tendre ne vient l'amollir : il n'est plus question de choisir entre la mort et la trahison. Le chemin du devoir m'est ouvert ; et, malgré les épines cruelles dont il est hérissé, j'y suis entré ; je veux y frayer ma route, l'y poursuivre avec courage ; mais, Phocion, que ton ami est malheureux !

Je ne suis plus à l'armée, le date de ma lettre te l'aura appris. L'intrigue et la cabale ont triomphé : Démétrius est éloigné du commandement. Les ennemis de cet homme sévère, mais vertueux, sont parvenus à tromper le clairvoyant Dioclétien : les choses lui ont été présentées sous un faux jour ; il a fait ce que ceux-ci ont voulu, en croyant ne suivre que sa propre volonté ; il a ôté le commandement au général qui venait, au péril de sa vie, de lui conquérir une place importante, et son successeur est en chemin. L'amour-propre blessé de Démétrius n'a pu supporter cette injustice, il a demandé sa démission au moment même. Il va partir avec son épouse, pour vivre tranquille sur les bords du Bosphore : ainsi Larissa se serait également éloignée de moi ; mais j'ai dû partir le premier, et quoiqu'il m'en coûtât d'abréger les derniers instants de mon existence morale, j'ai cédé aux devoirs que m'imposaient à la fois l'humanité et l'amitié, pour sauver, s'il est possible, une malheureuse femme et mon ami. J'ai joui avec une sordide avarice des derniers jours que j'ai passés près de Larissa; je ne l'ai pas quittée un instant, je me délectais dans ces derniers instans de bonheur, j'écartais cette gêne, cet embarras qui, depuis quelque temps, m'éloignait d'elle; je voulais au moins emporter le doux souvenir du bonheur, du seul bonheur que je puisse espérer, celui de me sentir aimé de Larissa. Elle comprit ce vœu de mon cœur, en me traitant avec la confiance d'une sœur et la tendresse d'une amie : avec bonté, avec ménagement, avec la plus douce franchise, elle m'avoua qu'elle avait cru que je ne l'aimais plus, et que, rassurée sur ce point, elle pouvait supporter tout le reste. O Phocion! si tu connaissais cette femme vraiment céleste, qui sait allier dans son cœur tout le feu d'une passion ancienne, unique et malheureuse, avec la pureté des *anges!* Si tu savais ce qu'on entend par ce mot *d'ange*, et quelle idée de sainteté et d'innocence les chrétiens y attachent, tu comprendrais mieux ce que je veux dire. Ces esprits aériens, immortels, qui n'ont rien de terrestre, et qui sont un des objets de leur croyance, ne sont pas plus innocens qu'elle. Que suis-je en comparaison, moi, livré à des désirs insensés, à l'agitation d'une passion désordonnée ? Que de grandeur dans la paix de son ame, dans cette résignation surnaturelle qui lui fait supporter le poids de l'infortune ! que de richesses dans ce cœur déchiré par ses propres peines ! Elle y trouve des consolations pour son malheureux ami, et une tendre estime, un amour filial pour le vieillard chagrin, sévère, auquel sa vie entière est irrévocablement liée... Et cette femme, telle qu'il n'en existe point, je ne la reverrai peut-être jamais ! C'est avec cette cruelle conviction que nous nous sommes séparés. Démétrius prit congé de moi avec une affection vraiment paternelle ; il fondait en larmes. Je reçus à genoux sa bénédiction : il me la donna à titre de père, de chrétien, et je ne pus m'empêcher de baiser cette main qui porta si long-temps les armes et qui faisait le signe de la croix sur ma tête. Non, Phocion, ce n'est point une erreur, le christianisme élève l'homme à une hauteur inconnue. Dans ce siècle corrompu, égoïste, où les plus beaux sentimens ne sont plus qu'une chimère, où l'amour de la patrie, qui pourrait seul réveiller les hommes de leur sommeil léthargique, n'est plus qu'un fantôme sans force et sans pouvoir, il paraît que la grandeur d'ame, le vrai courage, toutes les nobles

facultés qui relèvent l'ame humaine, se sont ré-
fugiés parmi les chrétiens. Ils pardonnent à leurs
ennemis, ils prient pour leurs persécuteurs,
pendant que les païens se permettent les repré-
sailles les plus cruelles, et qu'une secte de philosophes enseigne la vengeance, la déifie et lui
élève des autels.

J'ai trouvé ici des affaires qui m'ont forcément
détourné de ma triste mais douce et continuelle
pensée. Le faible Tiridate n'a pas su résister aux
appas de la volupté; il s'y est abandonné sans
réserve: j'ai ressenti un vrai chagrin en le retrouvant dans un tel état d'abjection, livré aux passions les plus honteuses, comme aux plus viles
des femmes : mais j'ai vu avec un égal plaisir la
force dont son ame est capable; la voix de la
vertu, celle de l'amitié ont repris leur empire sur
lui; il a secoué ses chaînes déshonorantes; il est
enfin rentré dans le chemin de l'honneur. Il est
vraiment étonnant de trouver réuni chez le même
homme tant de courage et tant de faiblesse, le
sentiment exquis de ce qui est bien avec un attrait extrême pour le mal : Tiridate est un de
ces êtres chancelans entre la vertu et le vice, qui se
laissent entraîner à l'un ou à l'autre avec la même
rapidité. Occupé de son amour pour une femme
sensible et vertueuse, des plans d'une campagne,

des projets de sa grandeur future, il peut s'occuper en même temps et avec le même zèle de
l'arrangement d'une fête, ou d'un rendez-vous
avec une méprisable courtisane. Couché sur des
coussins, entouré de parfums, couronné de roses,
enivré de chants voluptueux, il paraît un efféminé
Sybarite... Il étend la trompe, se relève, saisit
son armure, court au combat, et défie le dernier
des soldats à supporter les privations, les fatigues et les dangers aussi bien que lui; on dirait
qu'il a deux ames. La débauche de la cour,
la galanterie déhontée de quelques femmes, et la
société des libertins les plus consommés, avaient
assoupi pour quelque temps la meilleure partie de
de lui-même; à présent, elle a repris son attitude
fière, courageuse, et la volupté est repoussée loin
de lui. Il est parti pour l'armée; il a rompu à la fois
tous ses honteux liens, j'espère que je réussirai
à le maintenir dans cette bonne disposition. Un
des moyens les plus sûrs, quoique je l'emploie à
regret, est de lui parler de Sulpicie; elle était
presque oubliée, mais son nom, le tableau de sa
douleur, de son amour, ont suffi pour réveiller le
sien et anéantir ses indignes rivales; livré aux
prestiges des sens, son cœur était resté fidèle à
cette femme intéressante par ses malheurs.

Mes relations amicales avec Calpurnie sont renouées ; elle m'a écrit au sujet de Sulpicie. Vraiment Calpurnie est aussi un de ces êtres composés de deux ames différentes, un Tiridate féminin. Occupée de sa figure, de ses talens, de ses succès, elle s'oublie elle-même pour ne penser qu'aux peines de son amie et aux moyens de les adoucir : vaine, coquette à l'excès et cependant bonne, quelquefois même sensible, on ne saurait la définir ; vertueuse par goût et par principes, elle affiche pourtant souvent les opinions les plus légères, les plus inconsidérées. Je ne puis ni lui refuser mon estime, ni approuver sa façon de penser à plusieurs égards.

D'après les bruits publics, son père est appelé par l'empereur comme proconsul à Nicomédie, et la famille entière doit s'y rendre au printemps prochain. Je suis encore incertain si je dois me réjouir ou m'affliger de ce que nos relations d'amitié se soient renouvelées. Calpurnie est aimable, mais combien elle est loin de cette Larissa perdue pour moi, et que je devrais oublier ! Adieu.

LETTRE XXX.

CALPURNIE A AGATHOCLÈS.

Rome, novembre 301.

L'ÉVÈNEMENT le plus singulier, l'apparition la plus inattendue, m'obligent à m'adresser encore à toi, à avoir recours à ta bonté et à ton amitié. Mais, n'est-ce point un rêve? est-il bien vrai que j'aie vu Tiridate entrer et sortir de chez moi avec la promptitude de l'éclair? et que Sulpicie, aussi promptement, ait quitté Baies et l'Italie? Non, ce n'est point un songe; elle est partie, elle a suivi celui sans qui elle ne pouvait vivre. Je me hâte de te l'écrire, et puissent les Dieux accorder des vents favorables au vaisseau qui te porte ma lettre, afin qu'elle devance cet heureux couple d'amans, et te prépare à leur arrivée.

Il y a trois jours, qu'étant seule dans ma chambre, à l'heure du crépuscule, un homme entre précipitamment et s'avance vers moi. Au premier instant, j'eus une grande frayeur; je crus qu'il voulait me voler et m'assassiner; je me levais pour courir vers la porte opposée et appeler mes esclaves, lorsque cet étranger m'atteignit et prononça mon nom d'une voix qui ne m'était pas inconnue ; je me sentis en même temps arrêter par la main. L'homme tombe à mes pieds, en nommant Sulpicie. Je n'eus plus aucun doute : c'était lui, c'était Tiridate ! Il me serait impossible de t'exprimer ce qui se passait en moi ; c'était un mélange d'étonnement, de joie et de crainte. Au nom des Dieux, lui dis-je, comment as-tu fait pour venir ici ? Agathoclès sait-il ton voyage ? Il ne m'écoutait pas. « Vit-elle encore ? s'écriait-il d'une voix altérée : ai-je donné la mort à ma chère et malheureuse Sulpicie ? alors je n'ai plus qu'à la suivre. Mais si elle vit, pourra-t-elle jamais me pardonner ? Je suis venu pour réparer mes torts ,et l'arracher à ses persécuteurs ; il faut qu'elle me suive, mon vaisseau est à Ostie. O Calpurnie ! toi la meilleure des amies, mène-moi vers elle ; viens, ne perds pas un moment. »

Ces paroles prononcées avec volubilité m'ôtèrent le moyen de l'interrompre. Dès qu'il eut cessé de parler : Lève-toi, lui dis-je alors, calme-toi, raconte-moi de sang-froid ce que tout cela veut dire. Il me suivit sur mon estrade ; mais crois-tu qu'il fût possible d'y rester tranquille ? Il se levait et se rasseyait dix fois dans une minute ; il prononçait des imprécations contre lui-même, contre le sort , contre les parens de Sulpicie. J'appris enfin que tu lui avais ouvert les yeux sur ses torts ; que la voix de ton amitié l'avait tiré du précipice ; qu'avec autant de délicatesse que de force, tu lui avais découvert l'état cruel où sa conduite avait réduit Sulpicie, en lui montrant la lettre qu'elle m'avait écrite : en un mot, j'appris que mon attente n'avait pas été trompée, que mon ami y avait pleinement répondu, et je lui en témoigne ici toute ma reconnaissance. Il me dit encore que ton récit, en dissipant les prestiges dont il était environné , avait réveillé dans le fond de son cœur l'image de sa Sulpicie avec une force nouvelle ; que brûlant d'impatience de la revoir, de la consoler , de la tirer d'une situation aussi cruelle , il s'était décidé à revenir en Italie pour l'enlever de gré ou de force, et l'emmener à Nicomédie ; et qu'il ne t'avait point parlé de ce projet, dans la crainte que ta vertu sévère ne le désapprouvât.

La folie de ce plan me rendit muette d'étonnement. Il me fallut du temps pour le comprendre, et lui faire sentir les obstacles sans nombre qui en rendaient l'exécution presque impossible ; comment pouvais-je seulement essayer de persuader une tête aussi exaltée ? Il me répondait à tout, que le cœur de Sulpicie était à lui, que seul il avait des droits sur elle, puisqu'il les tenait d'elle, et que, décidé à la placer sur le trône d'Arménie, c'était le seul moyen d'obliger Serranus à un divorce nécessaire et inévitable. Tout ce que je pus obtenir, fut qu'il ménagerait la santé tant affaiblie de Sulpicie, qu'il ne l'emmènerait pas malgré elle : il me le promit, et partit la même nuit pour Baies. Deux chevaux presque morts de fatigue, attestent la célérité avec laquelle il fit cette course. Il savait que son vaisseau ne pouvait long-temps attendre, et personne, ni à Rome, ni à Nicomédie, ne devait avoir connaissance de son voyage. Ce matin, à l'aube du jour, un esclave m'a remis ce billet de Sulpicie.

SULPICIE A CALPURNIE.

IL est ici, je suis aimée ; il est venu pour me délivrer, et je le suis sans hésiter ; son projet est téméraire, mais il réussira ; ce n'est pas de moi que doivent venir les obstacles. Lorsque tu liras ce billet, ton heureuse Sulpicie voguera avec lui loin de l'Italie. J'ose attendre de ton amitié, de ta justice, que tu ne me blâmeras pas : que m'importe ce que dira le reste du monde, si j'ai

l'amour de Tiridate et l'amitié de Calpurnie !
Adieu.

———

Elle était donc partie, elle avait consenti :
devais-je m'en réjouir ou m'en affliger ? Tranquillisée par l'idée de la savoir libre et heureuse,
j'étais cependant effrayée du blâme de sa famille,
et plus encore de sa mauvaise santé, pendant un
voyage aussi pénible dans cette saison, et de la
sentir errante sur les mers pour des pays lointains,
sans autre appui que l'amour d'un être passionné,
il est vrai, mais léger, et d'une inconséquence
dont il nous a donné de si fortes preuves. Ah !
que l'amour est dangereux lorsqu'il est parvenu au point d'anéantir la réflexion, le repos,
la vie, l'honneur, et tout ce qui n'est pas lui et
lui seul !

Il n'y a pas de doute que Tiridate ne la mène
à Nicomédie, et j'en bénis le ciel. Tu la verras,
ou du moins tu sauras de ses nouvelles : Agathoclès, je te recommande mon amie, c'est là le
principal motif de ma lettre. Protège-la contre
sa propre passion, et surtout contre l'abandon et
la légèreté de celui qui l'a entraînée dans une terre
étrangère; sois son ami, son protecteur, son conseil, et si tes relations avec Larissa le permet-

tent, tâche de leur faire faire connaissance et de
lui obtenir son amitié : mon cœur se trouverait
allégé de la plus grande partie de ses inquiétudes,
si je savais ma Sulpicie sous la protection d'une
personne de son sexe, telle que doit être ton
amie. Tu ne rejeteras pas ma prière, j'en suis
assurée, l'idée du bien que tu peux faire à Sulpicie me console. Mets y , je t'en conjure, la
plus grande activité, et qu'en arrivant à Nicomédie avec son amant, Sulpicie y trouve ce qui
vaut bien plus encore , un ami sage et dévoué.

Peut-être irai-je moi-même à Nicomédie le
printemps prochain : on dit que mon père est
nommé au proconsulat ; pour moi cet évènement
serait à présent un bien fait du ciel ; je le béni-
rais de me placer encore au milieu d'amis aussi
chers , aussi précieux que toi et ma Sulpicie.
Adieu.

LETTRE XXXI.

SULPICIE, A CALPURNIE

Corinthe , novembre 301.

VOICI mes premiers instans de repos depuis
mon départ ; j'en profite pour te les consacrer,

fidèle amie, ma bienfaitrice, ma libératrice : oui, Calpurnie, tu as été tout pour moi, et mon cœur le sent avec une reconnaissance aussi vive que profonde ; jamais il ne cessera de t'aimer, lors même que les circonstances nous sépareraient pour la vie. Mais, loin de moi cette pensée, ce serait acheter trop cher mon bonheur.

Mon départ de Baies, que le monde ne manquera pas de nommer une fuite, un enlèvement, fut si promptement décidé et exécuté, qu'il ne me resta pas un moment pour t'en instruire en détail ; je n'eus que le temps de t'envoyer quelques lignes écrites à la hâte : à présent tu en sais sans doute davantage, car je ne doute pas que Serranus et mon père ne soient allés se plaindre *à ma complice* (c'est ainsi qu'ils te nomment). Je crains qu'ils n'y mettent pas beaucoup de ménagemens, et que tu n'aies passé avec eux des momens pénibles. Je commence par implorer mon pardon. Ah ! Calpurnie, il faut te l'avouer, malgré mon regret d'en être la cause, je ne suis pas fâchée que tu aies l'occasion de voir Serranus tel qu'il est, et de te repentir de la protection que tu lui as accordée. Ne m'as-tu pas dit une fois que c'était un homme très supportable et que tu aurais très bien vécu avec lui ? Maintenant le dirais-tu ? Je suis bien sûre qu'en ce moment tu ne blâmes plus ta Sulpicie d'avoir rompu ce lien odieux. Mais oublions Serranus ; mes fers sont brisés, je suis libre, un Dieu même a rompu mes chaînes ; à l'aide de son flambeau nous sommes en sûreté. Combien mon bonheur s'augmente encore de l'idée de le devoir aux trois êtres les plus chers à mon cœur ! à toi, Calpurnie, à ton Agathoclès et à mon Tiridate. Ainsi que l'astre du jour, il a paru et la tempête a cessé ; les nuages amoncelés autour de moi se sont dissipés, et j'ai passé subitement du comble de l'infortune à l'excès de la félicité. Il faut avoir éprouvé mes angoisses pour comprendre l'enchantement d'une telle métamorphose : je me croyais oubliée, abandonnée, le même instant me rend et ma confiance et ma liberté ; j'étais esclave dans toute l'étendue du terme, et je règne sur un cœur tout à moi.

Je veux te raconter ce qui est arrivé. Il y a dix jours aujourd'hui ; j'avais passé une nuit affreuse ; j'étais couchée dans un état d'abattement et de douleur ; mon existence semblait ne plus tenir qu'à un fil, et j'étais loin de la regretter... ma bonne Chromis entre chez moi : une expression de joie répandue sur sa physionomie, telle que je ne l'avais vue depuis long-temps, me frappe aussitôt. Des nouvelles de toi, ma Calpurnie, et de ta prochaine arrivée, se présentèrent d'abord à ma pensée. Qu'as-tu donc, Chromis, m'écriai-je ; de bonnes nouvelles de Rome ? de Calpurnie ?

Cela se peut, me dit-elle, mais porte ta pensée plus loin ; j'en ai d'Asie aussi. — D'Asie ! Au nom des Dieux, Chromis, que sais-tu ? Parle.— Je sais que le prince est en chemin pour l'Italie ? — Imposible ! pourquoi ? par quel motif ? qui peut le rappeler en Italie ? — Je m'étais levée, et, tremblante comme la feuille agitée, j'allais tomber ; Chromis m'a retenue. Courage, bonne maîtresse, me dit-elle, comment supporteras-tu la nouvelle que je t'apporte, si dès les premiers mots tu es ainsi bouleversée ? — Oh! parle, parle, Chromis, explique-toi, où est Tiridate? Pas loin d'ici... — Calpurnie ! Tiridate était à quelques pas de moi, et je ne mourus pas de saisissement ! l'excès de mon bonheur me soutint. Tiridate, mon sauveur, mon Dieu tutélaire, il était venu me délivrer de ma captivité ; dans cette saison orageuse il a franchi les mers pour sa Sulpicie ! ô Calpurnie ! quel sentiment divin est renfermé dans l'idée d'être passionnément aimée, et par un homme comme Tiridate ! Tu ne peux te faire une idée du trésor que je possède ; tu n'es que son amie, moi je suis son amante... je serai son épouse ; il est pour moi tout au monde , et sans lui... mais que dis-je ? jamais plus sans lui, n'ai-je pas assez souffert ?... Calpurnie, je me trompé, je n'ai pas encore assez souffert pour compenser ma félicité actuelle.

Cependant mes soupçons n'étaient pas tout-à-fait injustes ; à genoux devant moi , le visage caché dans ses mains, ses beaux cheveux noirs ondulés retombant de tous côtés, il m'a tout avoué; aimable par sa tendresse , irrésistible par son repentir , il m'a tout confié : oui , il fut infidèle , mais son ame l'ignorait , ses sens seuls étaient subjugés, et son cœur m'a conservé son amour ; cependant il s'accuse, il se juge avec autant de sévérité que pourrait le faire la femme la plus suceptible. Mon Tiridate possède l'énergie d'un homme avec toute la délicatesse et la sensibilité d'une femme. O Calpurnie! quelle scène suivit cet aveu ! Pour ce moment seul il vaut la peine d'avoir vécu, et quel que soit le sort qui m'est réservé , je ne puis plus me plaindre.

Pardonne si je te parle de mon bonheur au lieu de te faire le récit de mon départ. Avec le secours et d'après l'avis de Chromis , Tiridate résolut de me délivrer ce même jour ; comment aurais-je pu m'y refuser? Pour ma santé, on m'avait prescrit les bains de mer, malgré la rigueur de la saison ; c'était le seul moment où il me fût permis de sortir de ma chambre, accompagnée de Chromis et de quelques esclaves qui se tenaient à l'écart pendant le moment du bain que je prenais derrière cette baie ombragée que tu connais. Mes esclaves, sans aucun soupçon, restèrent comme à l'ordinaire sous les arbres, et je m'avançai avec Chromis vers la mer. Au bord, il y avait un canot dans le quel je ne vis qu'un pilote. Ah! Calpurnie, mon cœur l'eut bientôt reconnu ; déguisé pour tout le monde, il ne put l'être aux yeux de l'amour. Il me prit dans ses bras et me plaça dans la barque qu'il dirigea avec une force inconcevable, et nous arrivâmes bientôt sur le bâtiment qui était à l'ancre derrière un rocher. Ce fut alors que j'osai me réjouir de ma délivrance, et que je sentis ce que je lui devais : ma liberté, ma vie, mon bonheur, tout était son ouvrage. Notre traversée fut charmante, malgré la saison, et nous avons atteint Corinthe sans éprouver le moindre orage : cet heureux commencement est un fortuné présage de la bonté des Dieux. Nous repartons demain sur un vaisseau prêt à faire voile pour Nicomédie, et dans peu de temps je t'écrirai de cette ville ; je serai heureuse d'y trouver Agathoclès qui doit y être à présent.

N'exige pas que je te fasse un détail de la ville et de l'isthme de Corinthe : elle est, dit-on, intéressante pour tous les voyageurs ; mais pour moi, être dans la belle Corinthe ou dans une île déserte m'est indifférent, je t'assure ; je suis avec Tiridate, c'est tout ce que je veux. J'espère te mander de Nicomédie quelque chose de positif sur mon sort ; Tiridate me promet la protection de l'empereur. Adieu, ma Calpurnie.

LETTRE XXXII.

JUNIA MARCELLA A LARISSA.

Apamée, novembre 3o1.

CETTE lettre, ma chère Larissa, te parviendra à peine une couple de jours avant l'arrivée d'Appellès. Enfin ses occupations lui permettent de te faire la visite qu'il te promet depuis si long-temps. Il te trouvera donc à Trachena, et non dans la société dangereuse d'un trop aimable ami. Je reconnais dans tout ce qui t'est arrivé la main bienfaisante de la Providence ; elle n'a pas voulu te laisser plus long-temps dans une situation pleine d'illusions et de danger. Agathoclès

voyait plus loin et plus juste que toi ; l'inégalité
de son humeur, la tristesse dont tu te plains,
n'étaient que la suite de ses réflexions sur votre
situation, et une preuve de son ménagement
pour toi... Enfin, vous êtes séparés ! Remercie
le ciel au lieu de gémir. Je lui ai déja rendu
mes actions de graces ainsi qu'Appellès et Théophon : le premier se met en chemin le cœur sou-
lagé de n'avoir pas à t'affliger par un conseil sévère, et de n'avoir plus à te donner que des consolations. Il te racontera bien des choses qui sont
arrivées ici ; nous ne sommes plus aussi tran-
quilles ; la haine de Galérius contre les chrétiens
nous attire bien des peines ; c'est presque un
crime à présent d'être chrétien ; plusieurs se sont
éloignés, les autres se tiennent cachés : nous
avons bien plus de malheureux à garantir des
dangers qui les menacent et de pauvres à soutenir. Je fais ce qui m'est possible ; mais que peut
une femme, une veuve, lorsqu'il faut agir hors
du cercle de sa maison ? Si tu savais quel regret
j'éprouve alors de la perte d'un époux adoré !
Mais Dieu l'a voulu, je ne dois pas murmurer.

Appellès t'instruira de tout ; Démétrius verra
qu'il n'est pas la seule victime de la haine et de
l'injustice de César ; il vous communiquera le

plan sublime du respectable Héliodore que tu n'a pas sans doute oublié. Des nations barbares entourent de tous côtés l'empire romain ; leurs mœurs simples et grossières, également éloignées de nos lumières et de nos vices, ont depuis long-temps excité dans l'ame d'Héliodore le désir d'amener ces peuples sauvages par le christianisme à la plus belle des civilisations. Ils ne doivent pas commencer par connaître nos arts, nos besoins, notre luxe. La religion chrétienne, dans sa belle simplicité, doit prendre facilement racine dans le cœur non corrompu de ces enfans de la nature ; et s'il arrivait, comme Héliodore le présume, qu'ils fissent des irruptions chez les peuples civilisés, l'humanité en aurait moins à souffrir, et la véritable religion, soutenue par des victoires et par l'exemple des vainqueurs, se répandrait bientôt sur toute la terre.

Il faut admirer la grandeur de ce projet et ce courage magnanime qui lui fait mépriser les fatigues, les dangers, la mort même pour aller instruire des sauvages dans les dogmes de notre sainte religion. Je n'en vois pas la possibilité ; mais Héliodore est si pénétré de la beauté de ce plan, son zèle est si ardent, qu'il peut à peine attendre le moment de faire les préparatifs de son voyage. Il va d'abord à Nicomédie où il veut

s'embarquer pour passer le Pont-Euxin, et se
rendre à sa destination chez les peuples barbares.
Peut-être le verras-tu à Trachena.

J'ai encore une chose à te dire que je n'ai
point confiée à Appellès; peut-être n'est-ce qu'un
bruit public, mais je ne m'en crois pas moins obligée de t'en informer. On assure qu'une inclination très tendre et très réciproque existait à
Rome entre Agathoclès et cette Calpurnie, si
belle, si séduisante et si légère; que ce fut par
l'ordre positif de son père qu'il quitta, bien malgré lui, une société si remplie de charmes. Tu
sais qu'ils s'écrivent, mais peut-être ignores-tu
que le père de Calpurnie est nommé proconsul
de Bithynie, et que, le printemps prochain, il
part avec toute sa famille pour se rendre à son
poste et s'établir à Nicomédie. Combien je m'es-
timerais heureuse si ces nouvelles pouvaient
rendre le calme à ton esprit et diminuer tes re-
grets! Je serais bien récompensée du zèle que
j'ai mis à découvrir tout ce qui regarde cet homme
que tu croyais un phénix, et qui ne vaut pas
mieux que les autres. Que te croyant perdue à
jamais, il se soit attaché à la belle Calpurnie,
c'est tout simple, et tu ne peux lui en vouloir;
mais qu'après t'avoir retrouvée, il veuille te persuader qu'il t'aime encore, voilà ce qui le désho-

nore à mes yeux. Je prendrai de nouvelles informations, et si j'acquiers quelque certitude, je
t'en avertirai : lors même, ma chère Larissa,
que tu en éprouverais d'abord un redoublement
de chagrin, ce chagrin te sera utile, et te remettra sur la ligne du devoir. Doit-on regretter
un songe, une illusion ? Non : tu préfères, j'en
suis bien sûre, la vérité, quelque triste qu'elle
puisse être, et tu dois désirer de sortir du laby-
rinthe où je t'ai vue si près de t'égarer. Adieu.

LETTRE XXXIII.

LARISSA A JUNIA.

Trachena, novembre 301.

Nous voici établis à la campagne, chère Junia, et pour long-temps ; Démétrius veut y passer le reste de sa vie : je m'y accoutumerai sans
doute, mais la saison est bien triste. La nature
perd chaque jour de sa beauté : des arbres dé-
pouillés couvrent la terre de leurs feuilles jaunes
et flétries ; les jours, déja si courts, sont obs-
curcis par des brouillards épais qui couvrent la
surface des ondes ; rien n'interrompt la sinistre
monotonie de ce séjour, que le bruit des vagues
qui battent sur la plage à coups redoublés. Sou-

vent, assise des heures entières au bord de la mer, j'observe l'impétuosité avec laquelle cette vague roulante s'élance, se brise sur le rivage, puis s'anéantit sans laisser la moindre trace de son existence, ni de l'orgueil avec lequel elle s'avançait ; une autre qui lui succède a le même sort. C'est le parfait emblême de l'humanité : inquiet, agité, l'homme se tourmente, court après un bonheur inconnu qu'il ne trouve pas, et, comme la vague, il périt sans laisser de traces ; d'autres générations s'avancent et s'engloutissent de même. L'exemple de Démétrius est une nouvelle preuve de la vanité de la vie : quelle est la récompense de quarante années passées sous les armes, environnées de dangers, au milieu des besoins, de la fatigue, des persécutions, avec peu de jours de repos et à peine un moment de joie ? Et moi, Junia, dont les années atteignent à peine la moitié des siennes, que n'ai-je pas déja souffert, supporté et perdu ! Pauvre, solitaire, privée si long-temps d'amis, rarement aimée comme mon cœur le désirerait, c'est ainsi que ma vie s'est écoulée. Un seul être paraissait être créé tout exprès pour moi ; le sort me l'arrache quand il pouvait me consoler de tout le reste, me le rend un instant pour m'en priver à jamais ; et celui à qui j'appartiens... Junia, j'ose le dire, il ne sait ni me connaître ni m'apprécier. Ah! si du moins j'étais mère; mais le ciel m'a refusé cet ineffable bonheur! Je traîne ma vie sans but, sans espoir, oubliée peut-être, ou du moins peu regrettée. Personne ne s'informera si je vis encore et ne saura, quand je ne serai plus, s'il exista une malheureuse Larissa. Ah! si je pouvais seulement dire : Voilà pourquoi je suis dans ce monde; mais je ne vois aucun but à ma vie, que de soigner un vieillard qui ne me rend pas justice, et reçoit mes soins avec humeur : était-il besoin pour cela d'un cœur comme le mien? Oui, sans doute, puisque tel est mon sort; mais, chère Junia, il faut bien de la patience, de la résignation, pour n'en pas murmurer.

Agathoclès est loin de moi, mais non de ma pensée; je ne le reverrai jamais, j'en étais sûre lorsque je me séparai de lui à Nisibis. Ne jamais le revoir! *jamais!* Junia, sens-tu combien ce mot est affreux? ah! que les eaux bienfaisantes du Léthé me feraient de bien! De toutes les fictions que j'ai abandonnées, je ne regrette que celle-là. Je veux de tout mon cœur souffrir, supporter, avoir toute la patience imaginable avec un homme aigri par le malheur et par l'injustice. Mais il ne faut pas me retracer ce qui m'aidait à tout supporter, il faut oublier mon bonheur passé pour endurer mon malheur actuel; il le faut,.je le veux. Démétrius a demandé à Agathoclès, en se séparant de lui, d'entretenir une correspondance : il souffre de ses blessures et ne peut écrire; il m'en a remis le soin. Il faut que j'écrive à Agathoclès, moi! et comment? comme Démétrius écrirait lui-même? cela m'est impossible; comme mon cœur me le dicte? je me l'ose pas : j'ai donc supplié mon époux de me dispenser de cette tâche, et je tremble de ce qu'il pensera de. ma résistance. Oui, tu as raison, Junia, tout mon mal vient d'être trop faible ; j'aurais dû ne pas me laisser enchaîner, ou je devrais savoir porter ma chaîne.

Tu crois donc qu'Agathoclès aime Calpurnie ; le crois-tu réellement ? Les derniers jours que nous passâmes ensemble à Nisibis, Agathoclès me parla beaucoup d'elle, peut-être pas tout-à-fait sans que je l'eusse provoqué. La manière dont il m'en parla, sa conduite pendant les derniers jours, ont, je te l'avoue, éteint entièrement mes soupçons : j'ai rougi de ma méfiance. Oui, Junia, je suis aimée, mais... silence... plus un seul mot sur cette douce certitude : à quoi me sert-elle ? je ne le reverrai jamais, et la belle Calpurnie vient vivre près de lui. Eh bien ! Junia, je veux m'en réjouir, je veux désirer qu'il s'attache à elle... puisse-t-elle faire le bonheur de mon ami! Il me semble que je ne vis plus, et que Trachena est mon cercueil : ne renonce-t-on pas dans le tombeau à l'amour, à la jalousie? Je suis bien sûre que, si j'étais morte en effet, mon ame, dégagée des passions terrestres, se réjouirait qu'Agathoclès fût heureux sur la terre. Eh bien! je veux sentir de même : ne suis-je pas comme morte pour lui, pour le monde, pour moi-même? Je ne vis plus que pour mes devoirs et pour Démétrius.

Les nouvelles publiques ne sont pas de nature à dissiper ma tristesse. On écrit à mon époux que la discorde règne parmi ceux à qui le ciel a remis le soin de la paix et du bonheur du genre humain. Toutes les lettres de ses amis, soit à la cour, soit à l'armée, s'accordent à dire que le feu couve sous la cendre, qu'il ne faut que la moindre occasion pour allumer la guerre civile, et voir se renouveler les scènes de carnage qui firent si long-temps le malheur et la honte de l'empire romain. On dit qu'il y a actuellement une grande mésintelligence entre Dioclétien et Galérius. Jusqu'ici Dioclétien a du moins conservé au dedans la paix et le repos ; mais nous sommes menacés au dehors d'un grand malheur.

Les Goths, une de ces hordes sauvages chez laquelle Héliodore voulait se rendre, commencent déja à inquiéter nos rivages par de fréquentes excursions ; ils viennent dans de mauvais bateaux en grande quantité le long des bords du Pont-Euxin ; ils débarquent dans des endroits inhabités, suprennent les villages, et massacrent sans pitié ceux qui leur opposent la moindre résistance ; ils emmènent leur butin, et souvent même les malheureux habitans. Ces terribles apparitions sont chaque jour plus fréquentes, le nombre des barbares devient plus considérable. Le succès redouble leur audace : il faudrait une force armée pour arrêter leurs brigandages, et il n'y en a point ; nous sommes ici à leur merci. J'ai voulu persuader à Démétrius de quitter cette campagne isolée, située au bord de la mer et loin de tout secours ; mais il a méprisé mes craintes : il croit que tout ce qu'on raconte est exagéré par la frayeur ; il ne connaît pas ces barbares du Nord, et pense qu'il pourrait facilement se défendre et les repousser. Il s'est contenté d'armer ses esclaves, qu'il exerce régulièrement tous les jours.

Ma seule consolation est l'espoir, ou plutôt la certitude de voir bientôt notre ami, notre guide, Appellès, que j'attends à chaque instant : je le regarde comme un envoyé du ciel apportant la lumière, la paix dans ma triste solitude. Reçois mes remercîmens, ma Junia, de ce que tu m'envoies ce digne ami. Tu seras souvent le sujet de nos entretiens ; mon cœur renaîtra par l'influence de l'amitié, et pour quelque temps je serai moins malheureuse.

LETTRE XXXIV.

AGATHOCLÈS A PHOCION.

PHOCION, lorsque tu recevras ces lignes, mon sort sera décidé ; la mort ou des souffrances insupportables, voilà ce qui m'attend. Ma Larissa est assassinée ou, ce qui serait pire encore, enlevée par les barbares du Nord. Les Goths ont fait une irruption sur les bords du Bosphore et dans la villa de Trachena. Démétrius, à la tête de ses esclaves armés, a voulu opposer de la résistance ; il a été tué, tout ce qui habitait la maison est massacré ou mené en esclavage. Je veux croire encore que cet horrible récit est faux ou exagéré ; je vais m'en assurer en tremblant. Les chevaux sont prêts, je vole à Trachena. Je saurai si je puis encore attacher quelque prix à la vie.

LETTRE XXXV.

APPELLÈS A JUNIA MARCELLA.

Trachena, novembre 3o1.

Tu t'attends, mon amie, que je vais te donner d'heureuses nouvelles de mon arrivée et de ta Larissa. Hélas! je tremble de ce que j'ai à t'apprendre! je voulais te préparer au plus affreux évènement : mais à quoi servent de vains ménagemens quand il faut dire la triste vérité? Lis donc ; mais ne perds pas de vue que rien ne se fait sans la volonté de Dieu; que nos jours sont comptés, que cette terre n'est qu'un lieu d'épreuves. Laisse à présent un instant cette lettre; fortifie-toi par la prière, la résignation, et achève le triste récit que je vais te tracer.

Tu sais, sans doute, ce que j'appris moi-même en approchant des environs de Trachena, que les Goths ont fait à diverses reprises des excursions sur les deux rives du Bosphore. J'appris d'affreux détails de leur témérité, de leur barbarie, et je ne puis te cacher que l'idée de me rendre dans un lieu si près de la mer, ne me causa quelque inquiétude ; cependant j'espérais que ma visite aurait le double avantage d'être de quelque consolation à Larissa, et d'engager Démétrius à quitter ces dangereux parages pour s'établir dans quelque ville. O ma respectable amie! que sont les projets des hommes? rien que de la poussière dissipée au loin par le vent. Mes projets, mon arrivée, tout fut tardif : deux jours auparavant, les barbares avaient tenté une descente, et, à la faveur des ombres de la nuit, ils tombèrent comme une nuée, en poussant des cris horribles, sur la demeure de Démétrius. Au lieu de s'échapper avec sa femme et ses gens, ce qui lui était encore possible, Démétrius alla à leur rencontre à main armée avec ses esclaves. Un combat s'engagea; mais la supériorité du nombre était si considérable du côté de l'ennemi, que les femmes, restées seules dans la maison, n'eurent plus le temps de se sauver. Démétrius fut assassiné un des premiers; ses esclaves moururent à ses côtés; les Goths forcèrent la maison, massacrèrent tous les êtres qu'il y trouvèrent; leur cruauté était excitée par la résistance. La maison fut pillée, en partie incendiée, la horde des barbares se retira vers le matin, en poussant des cris d'allégresse. Long-temps après leur départ, les voisins, auxquels s'étaient joints trois ou quatre malheureux esclaves échappés au massacre, osèrent revenir sur ce théâtre de carnage pour voir s'il y aurait encore quelqu'un à secourir. Tout était mort; le corps inanimé de Démétrius, entouré des siens, était sur la terre, le nombre des barbares dans le même état prouvait qu'ils s'étaient défendus en désespérés. On trouva dans la maison plusieurs cadavres d'esclaves assassinés; enfin dans la chambre de Larissa, le corps d'une femme absolument défiguré par une quantité de blessures; mais le voile de Larissa, ce tissu blanc, bordé en or et remarquable par sa finesse, était encore sur sa tête, souillé de sang; elle avait aussi autour de l'un de ses bras un bracelet de perles d'un grand prix; il n'est plus alors resté de doutes : il manque quelques esclaves des deux sexes qui, peut-être, auront été la proie des flammes. Quoi qu'il en soit, chère Junia, il est plus que probable que Dieu a retiré à lui notre amie d'une manière bien cruelle : elle a cependant moins souffert que si elle avait langui dans un lit de douleur, et moins peut-être que des maux qui accablaient son cœur. Ses blessures, d'après le rapport de ceux qui les ont examinées, étaient si nombreuses et si profondes; que, suivant eux, elle n'a pu exister que quelques minutes; c'est une bien triste consolation, mais la seule qui reste à ses amis, bien plus à plaindre qu'elle. Ceux qui nous quittent échangent un bonheur

passager contre un bonheur durable, et ceux dont
la vie n'était qu'une longue agonie sans espoir trouvent enfin la paix et le repos. Je ne te dis pas cela
pour te consoler, Junia, je sens toute la grandeur
de ta perte; une amie est un bienfait de la Providence, la perdre est la plus cruelle des épreuves;
Dieu n'exige pas de nous que nous soyons insensibles à une aussi grande affliction; la perte de Larissa, et le genre de sa mort, doivent nécessairement faire une grande impression sur toi. J'espère
cependant beaucoup de ton courage et de la société
de Théophon; il pleurera avec toi notre jeune,
notre malheureuse amie, et voilà ce qu'il te faut.
Je voulais retourner près de toi à l'instant même,
puisque le but de mon voyage était manqué si
malheureusement; mais il s'en est présenté un
autre le matin même de mon arrivée, et j'ai reconnu la bonté de Dieu qui n'a pas voulu qu'il
fût inutile. J'arrivai le soir à Trachena; j'appris
des voisins l'affreux évènement; et comme ils
virent à mes larmes l'intérêt que je prenais surtout à Larissa, à ma prière ils consentirent à me
laisser son voile, que je voulais t'apporter comme
la seule chose qui restât de ton amie. Le lendemain, je parcourus cette triste demeure à peu
près incendiée : je traversais en frémissant, ces
chambres désertes, lorsque j'entendis dans la

cour le bruit du pas de plusieurs chevaux ; j'a-
vance vers une fenêtre, et je vois un jeune
homme de la tournure la plus noble, accompagné
de plusieurs esclaves à cheval. Ils descendent,
beaucoup de gens se rassemblent autour d'eux,
celui qui paraissait le maître, les questionnait
avec l'apparence de la plus grande crainte. Je
sortis précipitamment pour l'instruire avec ménagement ; j'arrivai trop tard, Agathoclès, tu
l'as sûrement deviné, venait de tomber sans connaissance dans les bras de ses compagnons. Je le
fis transporter dans la maison. Quelques momens
après il ouvrit les yeux, son regard était égaré,
et ses paroles sans suite. Lorsque je me nommai,
un rayon de paix rentra dans son ame ; il se jeta
à mon cou, nomma Larissa, et des larmes, qui
commencèrent à couler, soulagèrent son cœur
oppressé. Je lui racontai alors tout ce que je t'ai
mandé ; j'adoucis, autant qu'il me fut possible,
les détails de la mort de Larissa ; je parlai avec
une certitude, une éloquence que le ciel m'ins-
pira du bonheur céleste dont elle jouit. Je le
vis par degrés se calmer, s'attacher à l'idée que
lui seul était malheureux, qu'elle ne souffrait
plus. Il se leva et voulut sortir. Excuse-moi, me
dit-il, si je te quitte ;] j'ai besoin d'être seul,
de réfléchir sur tout ce que tu viens de me dire.

Je le regardai avec inquiétude. Ne crains rien, continua-t-il en prenant ma main, ce que ta religion défend, ce que tu regardes comme une lâcheté, ce qui me séparerait peut-être à jamais de Larissa ne peut être dans mes principes; dans quelques heures nous nous reverrons : j'eus honte de mes soupçons, je me retirai. Après un long espace de temps il me chercha; je le trouvai plus résigné, et en cet état de parler avec plus de suite de cette horrible catastrophe : son désespoir était changé en une sombre tristesse. Il demanda qu'on préparât la chambre de Larissa pour lui et pour moi; je voulus m'y opposer, mais je vis bientôt que son cœur n'était pas de l'espèce commune. Il s'entoura des personnes qui avaient connu Larissa; le souvenir de ses vertus, de ses souffrances, de sa résignation, de son amour pour lui, dont je ne craignais plus de lui parler, paraissait lui faire du bien. Le lendemain, il parcourut avec moi les environs, pour s'informer de tout ce qui s'était passé, et pour prendre toutes les précautions possibles afin de prévenir de nouveaux malheurs. Les habitans furent invités à envoyer à la ville voisine leurs objets les plus précieux; il fit distribuer des armes; les instruisit de ce qu'il y aurait à faire, et les invita à se tenir toujours prêts à la défense.

Il fit placer sur toutes les collines des signaux, au moyen desquels la contrée pouvait être en un instant sous les armes : on aurait dit que son propre malheur avait disparu à la vue de celui que couraient les voisins de Larissa; mais bientôt la douleur revenait avec d'autant plus de violence. A présent, j'ai la persuasion que son ame est d'une trempe trop forte pour qu'elle subjugue ses vertus ou qu'elle amollisse son courage. Il est facile de voir que nos saints dogmes s'y établissent peu à peu, et que l'idée de rejoindre Larissa dans un meilleur monde peut tout sur lui.

Il m'a prié de l'accompagner à Nicomédie, où il compte retourner demain pour prendre toutes les précautions nécessaires, afin que l'ennemi ne puisse tenter de nouvelles excursions. Je n'ai pu me refuser à sa prière. Je t'avoue que je l'aime, que je le respecte; je te confesse aussi que je lui ai donné le voile de Larissa ; je l'ai accordé à ses instances : il est aussi digne que toi de le porter, et une chrétienne comme Junia saura faire encore ce nouveau sacrifice. Il recula d'effroi en le voyant teint du sang de sa bien-aimée, ensuite il s'en saisit avec ardeur, et le plaça sur son cœur. Je ne doute pas que tu ne pardonnes ce rapt et ma longue absence ; dis-le à notre vénérable père Théophon, et tâche

d'obtenir de lui la permission pour moi de prolonger cette absence. Consoler les malheureux
est notre premier devoir ; et qui plus qu'Agathoclès a, dans ce moment, besoin des soins de
l'amitié? Adieu.

LETTRE XXXVI.

SULPICIE A CALPURNIE.

Synthium, près de Nicomédie, février 302.

AGATHOCLÈS t'a-t-il parlé, chère Calpurnie,
de la charmante campagne qu'il possède à quelque distance de Nicomédie? C'est là que je suis
établie dans une solitude agréable qui calme l'a-
gitation de mon ame : j'y goûte un repos dont
j'avais grand besoin après tant d'orages. Agathoclès vient nous voir aussi souvent que ses occupations le lui permettent, et Tiridate passe avec
moi tous les momens qu'il peut dérober à la
cour. Je suis libre, Calpurnie, Galérius a prononcé mon divorce ; il a fait parvenir ses ordres
à ce sujet au sénat de Rome et à Serranus Anicius : tout a donc réussi. J'attends à présent sans
impatience le moment où nul autre pouvoir que
celui de la mort ne pourra m'arracher à Tiri-

date. Rien ne trouble plus la jouissance de mon parfait bonheur que le mauvais état de ma santé, suite naturelle des cruels chagrins que j'ai essuyés : ils ont disparu, il est vrai, mais j'en sens encore les effets. La saison trop avancée, lors de mon voyage sur mer, y a beaucoup contribué. J'arrivai très malade à Nicomédie; mais, chère Calpurnie, j'ai puisé dans ce mal une source de bonheur de plus, une preuve nouvelle de l'amour de Tiridate, dans les soins tendres et soutenus qu'il m'a donnés. Quoiqu'il n'eût point confié ses desseins à Agathoclès, il était tellement sûr de son amitié, qu'il me conduisit d'abord chez son ami. J'étais si affaiblie, qu'il fut obligé de me porter dans ses bras jusqu'à la chambre désignée par Agathoclès. Cet excellent ami se montre, comme toujours, le meilleur des hommes : point de reproches sur un tort désormais irréparable. Il nous reçut avec joie, avec attendrissement, comme l'aurait fait un bon frère. Je l'ai trouvé extrêmement changé : je reviendrai sur ce sujet. Je lui dois la plus grande partie de mon rétablissement, auquel Tiridate, par ses attentions délicates, a aussi beaucoup contribué : il ne me reste plus qu'une grande faiblesse. Le bruit, la dissipation de la capitale, me devinrent bientôt à charge. Agathoclès devina mes désirs, et m'offrit sa villa de Synthium, seulement éloignée de quelques milles de Nicomédie. Je l'acceptai avec transport ; mais ma joie fut modérée quand je vis que Tiridate ne quittait pas la ville avec autant de plaisir que moi. Cependant il me fit volontiers ce sacrifice pendant quelques jours : il a été obligé de retourner près de l'empereur, mais il revien t très souvent. Je mène ici la vie que j'ai toujours préférée, seule au milieu des beautés de la nature, et voyant arriver par fois des amis avec qui je peux les admirer. Synthium est situé dans un vallon solitaire, entouré de collines ombragées, derrière lesquelles s'élèvent graduellement des montagnes couronnées par le mont Olympe. Quoique la grande route ne soit pas éloignée de la maison, on l'aperçoit à peine, parce qu'elle est masquée par de grands massifs de pins. Les jardins sont vastes, mais tristes ; ils annoncent dans celui qui les a créés une disposition à la mélancolie.... Le tout me plaît extrêmement, j'attends dans cette solitude tranquille le retour du printemps et de ma santé par sa douce influence.

Tiridate m'a présentée, avant de quitter Nicomédie, aux impératrices Prisca et Valérie (1);

____

(1) L'impératrice Prisca était épouse de Dioclétien, et sa fille Valérie du César Galérius.

j'ai aussi parlé au César Galérius : tous m'ont reçue avec grace et bonté. Il ne m'a pas été possible encore d'obtenir une audience de Dioclétien; il est entouré de tant de pompe, de cérémonie, qu'il est très difficile de parvenir jusqu'à lui. César m'a promis sa protection, et m'a tenu parole : ainsi mon avenir se présente sous un jour agréable.

Je t'ai déja dit que j'avais trouvé Agathoclès changé : tu connais sans doute la perte qu'il a faite, et le funeste événement qui l'a causée. Je l'appris en arrivant à Nicomédie. Je m'attendais donc à trouver des traces de sa douleur; mais elles sont bien au delà de ce que j'avais imaginé : ses traits, qui n'ont jamais eu l'expression de la gaîté, sont à présent contractés par le chagrin; son regard est éteint, tout en lui annonce une affliction profonde, concentrée. Il a évité de parler de son malheur, et n'a pas encore prononcé le nom de Larissa depuis que je suis ici : le hasard amènera cette conversation, et j'en tremble. Puisque ton père est nommé proconsul, je voudrais, je l'avoue, qu'il hâtât votre arrivée ici. Tu ferais, je l'espère du moins, beaucoup de bien à notre ami : cette plaie si profonde ne sera pas facile à guérir; mais j'attends beaucoup du temps, de ta gaîté, de ton esprit, de ta beauté, de l'ascendant irrésistible que tu sais prendre quand tu le veux. Agathoclès serait-il donc le seul qui pût résister à ton empire? Sans doute, la fermeté de son ame le distingue des autres hommes; mais pourtant il est homme, et j'ai remarqué qu'en général ce sexe se console bien plus vite de la perte d'un objet aimé, et le remplace bien plus tôt que les femmes. Nicomédie te plaira; il y règne un ton de bonne société : on y aime la magnificence, la dissipation, mais avec goût et décence. Les deux impératrices sont sévères dans leurs principes : on les croit de la secte des chrétiens. Pour leur faire la cour, on sauve au moins les apparences; mais il règne dans l'intérieur des maisons un luxe qui finira par altérer les mœurs : aussi dit-on que les femmes de la cour et de la ville se dédommagent en secret de la contrainte qui leur est imposée. Elles sont généralement belles : j'ai vu des figures dont les graces, la parure, l'aimable gaîté, m'ont rappelé ma Calpurnie. Je n'en ai pas été jalouse, tu ne m'en crois pas capable; mais elles m'ont fait éprouver un sentiment pénible, en pensant à ma jeunesse déja flétrie par le malheur. Je ne suis plus ce que j'étais : à peine pourrais-tu reconnaître Sulpicie. Tout est ici si éblouissant, si séduisant... Ecris-

moi encore avant de quitter Rome , et tâche
d'accélérer ton départ : mon cœur bat du désir,
de l'impatience de te revoir.

LETTRE XXXVII.

AGATHOCLÈS A PHOCION.

Nicomédie, février 302.

Il y a long-temps , mon cher Phocion , que tu
as reçu ma dernière lettre (1); elle t'apprenait la
perte irréparable qui m'accable. Je ne me rap-
pelle plus ce que je t'écrivis dans un moment où
je n'étais plus à moi ; mais tu sais ce que j'ai perdu
et de quelle manière ! Tu peux te former une
idée de ma situation actuelle : l'accablement ne
dure pas toujours , et mon esprit est sorti de
son profond abattement. Pendant le temps que
je fus à Trachena , au milieu des dangers , du
malheur des voisins de Démétrius , je conservai
mes forces physiques et morales. Mais à Nicomédie, lorsque j'eus repris ma vie ordinaire , je
succombai de nouveau à mon malheur : je fus
vraiment malade. Comment me suis-je remis et

____

(1) On a supprimé cette lettre , qui n'était qu'une répéti-
tion de celle d'Appellès.

à quelle fin? Je l'ignore; mais peu à peu j'ai repris la faculté de dormir, que j'avais complètement perdue, et celle de vaquer à mes affaires. Je vois avec regret que je puis traîner long-temps encore ma triste existence; ah! oui, bien triste! elle me paraissait déja si inutile, si indifférente, que je l'aurais volontiers rejetée loin de moi. Mais je ne le puis, je ne l'ose, je crains trop de perdre ma dernière espérance, celle de retrouver ma Larissa dans un meilleur monde. Phocion, un rayon céleste a réchauffé mon ame, un sentier s'est présenté à moi pour parvenir enfin à la vérité, à cette vérité que j'ai vainement cherchée jusqu'à présent. Le devoir de l'homme observateur n'est-il pas de suivre le chemin qui s'offre à lui, pour voir du moins où il mène, dût-il même se sacrifier pour arriver à cette découverte? Long-temps je fus égaré par une lumière trompeuse; en la perdant je restai plongé dans une obscurité effrayante, et sans guide pour en sortir : à présent une lumière vive et pure m'apparaît et me console, je ne balance pas à la suivre avec confiance.

Un sage chrétien, nommé Appellès, le conducteur et l'ami de ma pauvre Larissa, fut la première personne qui s'approcha de moi lors de l'horrible catastrophe; il fut aussi mon soutien et mon ami; à sa douce et persuasive éloquence, je dois, avec le retour de ma raison, la force de ne pas succomber tout-à-fait à l'excès de ma douleur. Ses consolations avaient quelque chose de divin; il les puisait au fond de son cœur, il les faisait pénétrer dans le mien comme un rayon céleste : dans l'impuissance de me donner des espérances pour cette vie, il m'en rendit de bien plus certaines pour l'avenir; il m'ouvrit les portes des cieux, du séjour éternel de bonheur que Larissa occupe déja…. où elle m'attend. Mon ame s'élança vers elle, se releva avec mes espérances; je retrouvai avec elle mes forces et ma santé, je redevins capable de penser et d'agir. Un chrétien sage est l'être le plus respectable; c'est, j'en suis convaincu, le plus haut point de perfection dont la nature soit capable. *Soyez parfait comme l'est votre père qui est dans les cieux*, a dit leur divin maître à ses disciples. Quelle image, quel modèle, et quel Dieu que celui des chrétiens ! Il n'est point vicieux comme les Dieux de l'Olympe, soumis aux faiblesses, aux passions, aux jouissances des sens ; ce n'est point non plus un spectateur oisif comme les Dieux d'Epicure, vivant dans une continuelle apathie, laissant aller le monde comme il peut, d'après les lois générales : c'est un être immortel, tout-puissant, sans commencement, qui n'aura point de fin, qui sait tout, qui peut tout, qui est présent partout; de rien, du néant il a créé tout ce qui existe, et il l'a fait par amour pour former, à son image, des créatures qu'il pût rendre éternellement heureuses. La doctrine des chrétiens est simple et sublime; elle est plus facile à comprendre, je t'assure, que les systèmes variés de nos philosophes : qu'on l'envisage sous son vrai jour, dégagée des idées poétiques, et tu n'en trouveras aucune qui soit plus sage et plus modérée. L'histoire de la chute du genre humain est d'une grande beauté, présentée tantôt sous une image douce, tantôt dans toute son horreur; elle est fondée sur la connaissance du bien et du mal qui réveille avec force la conscience et lui donne le sentiment vrai de ce qui est juste ou injuste, tout en détruisant le beau rêve d'une innocence éternelle. Tu dois voir là le *siècle d'or,* et la raison de sa disparition dans les lois immuables de la nature de l'homme. La fable de Psyché est l'allégorie du genre humain. A ce Dieu qui créa les étoiles et toutes les créatures, qui dirige leur sort dans sa sagesse adorable, les chrétiens donnent le doux nom de père. Ce n'est point par des sacrifices et par le sang des animaux répandu sur ses autels, ce n'est point par des offrandes qu'ils cherchent à lui être agréables, mais par l'hommage d'un cœur bon et juste. Tous les mortels sont leurs frères : les aimer comme soi-même, ne faire aux autres que ce qu'on voudrait qui nous fût fait, voilà leur premier principe. Plus on réfléchit sur des idées si relevées, sublimes dans leur noble simplicité, plus on adore celui qui, en si peu de mots, sut embrasser toutes les lois de la morale. Aimer Dieu par-dessus tout, et son prochain comme soi-même, que peut-on demander de plus ? Ah, Phocion ! ce monde serait déja le paradis si tous les hommes voulaient suivre cette maxime; mais les chrétiens vont plus loin : ils veulent, ils demandent de leurs disciples de mettre un frein aux passions les plus actives, à la colère, à la vengeance : « *Bénissez ceux qui vous persécutent ; priez pour ceux qui vous haïssent.* » Dans quelle école, Phocion, enseigna-t-on la pratique de telles vertus ? Oui, la morale chrétienne est divine; mais si elle nous montre une hauteur où nous ne saurions atteindre, elle nous excite au moins à y aspirer. De quoi l'homme n'est-il pas capable lorsqu'il veut employer toutes ses forces ? Il doit se représenter sans cesse le but de ses efforts, parvenir à l'infini, devenir un être immortel et complètement heureux, n'envisager cette terre que comme un séjour passager, et le supporter avec courage. Nos philosophes ont entrevu cette sublime destinée de l'homme, mais le Christ l'annonce d'une manière bien plus sûre et plus positive; il l'a scellée de son sang, il s'est chargé des péchés des hommes, et s'est livré volontairement pour tous à la justice divine. L'homme faible et chancelant trouve, dans le mérite de cette action, ce qui manque à ses efforts; il a dans le ciel un médiateur, il le sait : encouragé par cette espérance et par les vertus de son divin modèle, il ose approcher du trône du Tout-Puissant avec moins de terreur.

Que cette doctrine est sublime ! quelle est analogue au cœur de l'homme, mon cher Phocion ! Je ne la connais pas encore parfaitement, mais ce que j'en sais persuade ma raison et satisfait mon ame. Qui pourrait donc me blâmer si je l'embrasse et si je deviens tout-à-fait ce que je t'avoue déja être en grande partie, un chrétien? Je ne veux cependant pas me presser : ce changement est trop important, il exige la plus grande liberté d'esprit; mon ame n'est pas encore assez calme, le souvenir de Larissa est trop présent à ma pensée; un poids insupportable oppresse mon cœur. O Phocion ! quelle perte j'ai faite ! Larissa, compagne de mon enfance, amante de ma jeunesse, bonne, sensible aimable amie d'Agathoclès, où es-tu maintenant? Ce passé qui m'occupe sans cesse, existe-t-il encore pour toi? Te le rappelles-tu? Vois-tu ton ami inconsolable, abandonné? en perdant la vie perdrait-on aussi l'amour et le souvenir? Système effrayant, et que le cœur repousse ! désespoir des malheureux ! quel serait donc l'avantage de l'immortalité pour l'être pensant? Notre sort ne serait-il pas alors semblable en tout à celui des animaux, des plantes qui, par la décomposition de leur corps et la marche de la nature, revivent sous d'autres formes, en parties organiques, sans aucun souvenir de leur état précédent? Non, Dieu ne forma pas ainsi l'homme à son image ! A cet égard, le christianisme confond encore les sophismes et les subtilités de la philosophie : une autre fois, je t'en parlerai; il me suffit de savoir avec certitude que Larissa n'est point anéantie, qu'elle erre autour de moi, qu'elle m'aime, quoique sa voix angélique ne se fasse plus entendre, et que sa figure céleste ne se montre plus à mes regards; elle existe encore pour moi, et ne sera jamais remplacée. Mais ne plus la revoir ! quelles peines infinies cette idée renferme !.... Laisse-moi te quitter et cesser de t'en parler, si je ne veux pas amollir mes forces. Adieu.

LETTRE XXXVIII.

CALPURNIE A SULPICIE.

Nicomédie, mars 302.

ME voici dans cette grande et belle ville, sous le beau ciel de l'Asie mineure, et, ce qui vaut mieux encore, bien près de toi, ma Sulpicie ; je serais déja dans tes bras au lieu de t'écrire, si mon père n'eût désiré que je restasse pour l'arrangement de sa maison, ce qui n'est pas sans difficulté dans un pays étranger. Impossible pour le moment d'aller à Synthium ; ne pourrais-tu donc venir à Nicomédie pour deux ou trois jours ? Ta santé est assez bien remise, je l'espère, pour pouvoir supporter un voyage de quelques milles. Oh ! comme je me réjouis de te revoir après une si longue absence, de causer avec toi du passé et de l'avenir... Sulpicie, depuis que je suis ici, tous mes intérêts se raniment ; jamais je n'ai été plus éloignée de l'indifférence pour les évènemens de la vie. Agathoclès vint nous voir le second jour de notre arrivée : je ne crains pas de t'avouer mon émotion lorsque j'entendis le son de sa voix qui me parut plus faible qu'autrefois. Il salua mon père avec tendresse et respect, puis il s'informa de mes frères et de moi, exactement de la même manière. J'étais dans une chambre voisine lorsqu'il arriva, et je profitai de cette circonstance pour rappeler mes esprits: mon père me fit dire de venir; mais, malgré tous mes efforts, je fus bien trompée dans l'espoir de l'aborder d'un air aisé et naturel. Ses yeux éteints, son regard sombre, qui n'expriment plus qu'une profonde tristesse; la tendresse mêlée de douleur avec laquelle il se félicita de mon arrivée dans sa patrie; l'idée de ce qui avait occasioné un si grand changement, tout cela réuni m'émut si prodigieusement que je perdis toute contenance. Il avait tant souffert! ne lui devais-je pas toutes les consolations de l'amitié, plutôt que de l'affliger encore par une froideur affectée? Cependant, je ne le cache pas: mon orgueil était blessé de cette tristesse si profonde que l'arrivée d'une amie peut à peine le distraire un instant. La noblesse de sa conduite et le charme de son entretien dissipèrent bientôt ce mouvement, dont je rougis. Mon père entama avec lui l'article de la politique, et je retrouvai l'Agathoclès de Rome dans le feu de sa conversation et la profondeur de ses pensées: il parut oublier un instant ses peines. Avec quel plaisir je me rappelais, en l'écoutant, les heures délicieuses que j'ai passées ainsi près de lui à Rome ! Mais les traces de son abattement sont trop marquées pour que je pusse me faire long-temps illusion ; il me semblait qu'il y avait deux Agathoclès, celui que j'avais vu jadis si animé, si exalté, dont le sérieux n'avait pu tenir contre ma gaîté, dont le regard passionné , attaché mille fois sur moi, me disait tant de choses !.... et l'infortuné Agathoclès, avec cette figure si maigre, si pâle et si mélancolique, que la mort d'une femme aimée si tendrement a mis aux portes du tombeau. Je frissonnai. Ce rappro- chement me fut extrêmement pénible ; je sentis tout à coup mes yeux se remplir de larmes, elles allaient couler : je me levai aussitôt, je sortis, je pleurai abondamment, et pourquoi ? Le sa- vais-je moi-même ? mais j'éprouvais du soulage- ment à laisser couler mes pleurs. Dans mon idée, l'Agathoclès d'autrefois était mort, celui que je venais de voir n'était que son ombre livrée aux peines du Tartare ; mon cœur était dans un état d'attendrissement tel que celui qu'on éprouve en voyant la statue d'une personne chérie qu'on a perdue ; ces mêmes traits animés d'une ex- pression si différente, cet intérêt d'autrefois, ce froid si glacé d'aujourd'hui ; je ne pouvais supporter cette comparaison. Je sentis que je ne devais pas me montrer dans la disposition où j'étais. Je cherchai à me remettre ; mais quand je rentrai, Agathoclès était parti en promettant de revenir. Je craignais de lui avoir fait de la peine en sortant ; mais il paraît que non, et qu'il n'a pas même remarqué ma disparition. Je ne suis donc plus pour lui qu'une simple connaissance ; il ne cherche à se rendre compte d'aucune de mes sensations : je puis à mon gré le bouder, le quitter, être comme il me plaira, sans que rien de moi lui fasse impression. Tout entier à sa douleur, à la perte de Larissa, il ne songe pas même qu'il existait à Rome une Calpurnie qui lui faisait oublier du moins cette grande passion dont les effets sont si cruels ; celle qu'il revoit à Nicomédie ne lui fait rien oublier qu'elle-même.

Depuis cette visite, mon ame est dans un état aussi pénible que singulier ; je suis partagée entre la pitié que m'inspirent les malheurs d'Agathoclès, le désir d'alléger ses peines, et le sentiment amer de n'être plus rien pour lui, de n'avoir jamais été que l'objet d'une relation jadis agréable, à charge à présent, peut-être. Non, Sulpicie, il ne m'a jamais aimée celui que la perte d'une autre emme laisse dans un tel désespoir. Que résultera-t-il de tout ceci ? Comment serai-je avec lui ? Toi, mon amie, tu pourrais me rendre un grand service. Tu vois souvent Agathoclès, il a beaucoup de confiance en toi, je le sais, et tu peux savoir facilement ce qu'il pense de moi. Ecris-moi promptement si tu ne peux venir; dis-moi comment il parle de Calpurnie ; même avec toi, Agathoclès ne s'abaissera pas à feindre, à dire ce qu'il ne pense pas ; fais en sorte qu'elle soit le sujet de votre entretien , et dis-moi sincèrement sur quel ton il en parlera : un mot suffit pour m'éclairer sur ma conduite ; je me repose entièrement sur toi; j'attends avec impatience de tes nouvelles.

FIN DU TOME PREMIER.

www.ingramcontent.com/pod-product-compliance
Lightning Source LLC
LaVergne TN
LVHW010108070726
842525LV00017B/925